后浪

Stet
An Editor's Life

未经删节

Diana Athill

[英] 戴安娜·阿西尔 著

曾嵘 译

四川人民出版社

© Mark Crick

故事开始于我父亲告诉我："你必须自己谋生。"
阿西尔几代男人们已经将自己谋生视为理所当然。
但即便他们有着更为脚踏实地的一面，将这一法则
施用于女儿身上，我也还算是第一代。

推荐序

李孟苏

年轻时，戴安娜·阿西尔美得凛然，如一尊古希腊时代的雕像。面部线条清晰，勾勒出有棱有角的下颌，五官俊朗，鼻梁高挺，眼睛跳跃着两朵火花，目光似乎永远看向远方；表情温和，少有脂粉气，多的是坚定舒展，带着一种她成长的年代极少被提及的中性美。到了老年，她脸上的刚毅愈发明显，显著到甚至影响了她的容貌——人老了会被岁月打磨成低分辨率的影像，面目模糊，很多时候难以分出性别——但很少见到一位老太太像阿西尔这样仍保有坚毅的下巴，高高的、光洁的额头。英格兰人推崇"坚硬的上唇"，视之为民族性的特征之一。看啊，她的双唇紧紧抿住，坚定、不畏缩、不妥协，就像她的一生——这辈子她基本上做到了按自己的想法生活。不由感叹，时光竟能在一个女人的面庞上烙下如此鲜明的睿智、沉静、友善、宽容的印记。

我第一次看到戴安娜·阿西尔的文字，第一次

知道这位英国出版界的权威编辑和作家，是在 2008
年。这一年，阿西尔 91 岁，她的回忆录《暮色将
尽》获得英国重要的科斯塔文学大奖，成为畅销书。
她做了半个多世纪的文学编辑，并不缺乏领奖的经
验，不过都是陪着她的作者，开奖前说些宽心的话，
很理解地看着他们脸上努力绽出淡定的微笑。轮到
她自己，她大概是英国文学史上年纪最大的获奖者，
如此高龄才拿到平生第一个文学奖，想必书中内容
也像消息本身，有不同凡响之处。

《暮色将尽》是阿西尔的第六本回忆录，薄薄的
一本，很快就看完了。合上书，感慨她活成了诚实
坦率的人精。按说有资格写传记的人精会写出传奇，
阿西尔没有。她的回忆录由一篇篇独立又连续的短
文组成，没有成型的故事，只有事件的碎片，这样
的结构，可以随手翻，翻到哪页看哪页，读起来倒
也轻松。碎片折射出她对"老年"的种种思考。

老年是和肉体衰败、对伴侣既照护又希望逃避、
婚姻的责任、性欲消退、被社会遗忘、病痛、死亡
等个人体验联系在一起的，这些话题在今天即使不
再是禁忌，也很少拿出来公开讨论。衰老让她每天
早晨起床变得不甚愉快："你必须强打精神，挪下床，

干点什么。"她每天为穿衣戴帽颇费心思，尽可能藏起多一点发皱的皮肤，绝不会有一点不妥当。"我的头发剪得很短，我也没剩多少头发了，它们就像一张蜘蛛网罩在粉红的头皮上，不过发型师说还没到戴假发的地步"。说自己状态好需要自欺欺人的精神，毕竟人生的绝大部分是越来越糟……阿西尔谈起来，毫无多愁善感的小情绪，倒是颇多"刺你一下"的想法和言辞，似乎这些禁忌在她这儿就是散步时被树篱中的刺扎了一下，没什么大不了。

人老了也有好处，一个可取之处就是性欲开始退潮，人生减去了一项负担。老了没有情欲，其实是"挣脱了套在疯子身上的锁链"。"变老"还有一个好处，那就是不必再考虑未来。死亡是人生的一部分，每一种生物都会死。人生之旅，死亡是最伟大的一段旅程："莎士比亚说过，懦夫在死之前已经死过很多回了。"

她写回忆录的初衷是给老人们看的，落笔比较温和，她说怕惊到读者。实际上因为写得太真实，仍不乏惊人之语。看她对老年人提出了何种忠告："一个老人永永远远不应该期望年轻人渴望他的陪伴，或声称自己是他们的同龄人。享受他们（年轻人）慷慨的付出吧，但仅限于此。”

阿西尔一向鼓励她的作者“尝试写出真相，无论它们有多么不雅”，她在写回忆录时也遵守了这一戒律。她自己的写作始于45岁。写作之初，阿西尔一度围绕自我经验打转，写着写着，她越来越认为，写自己的事毫无意义，写作是为了弄清自己和生活的真相：“一旦你不用‘I’（我）而用‘eye’（眼睛）看事物，就摆脱了‘自我’。”诚实地写作，是一个重新自我认识的过程，帮助她度过了精神良好的晚年。她“这辈子从来挣钱也不多，没什么积蓄”，回忆录的成功增加了她的收入，她欣喜地说，她从未有过这么简单的乐趣。百岁生日前夕，她调侃，我想象不出来这世上还有几个百岁老人仍要靠动笔杆子生活。

做了一辈子图书编辑的阿西尔个人著述并不多，其中以回忆录为多。这一本本回忆录，就是一位聪慧的女性，一辈子以书为伴，泰然自若、幽默温和地讲述独属于她自己的乐观和坚持。在她生命的后半程，这些回忆录成就了她的文学声望，尤其是《未经删节》和《暮色将尽》，是英国书店里的常销书和畅销书。

"编辑永远不要期待感谢。偶尔收到时，
应该将其视为意外的收获。"

在《暮色将尽》中，阿西尔几次谈到早前出的《未经删节》这本回忆录。《未经删节》出版于 2000 年，不妨看作是她的工作小结。

阿西尔生于 1917 年，第二次世界大战期间她在 BBC 工作。她通过 BBC 的同事，认识了安德烈·多伊奇。英国出版业的每个人都知道，约翰·勒卡雷的小说《锅匠，裁缝，士兵，间谍》里的特工托比·伊斯特哈斯，小个子，说一口中欧腔，"什么话都说不好，但他都会说。在瑞士的时候，吉勒姆听他说过法语，有德国口音，他的德语又有斯拉夫口音，他的英语尽是小毛病和元音错误"（董乐山译）——这长相和独特的说话方式，活脱脱就是多伊奇本人。

多伊奇是匈牙利犹太人，战争爆发前为了避难，辗转来到英国学经济学。战争爆发后，他却因为被视为敌方外国人，被拘留在英国马恩岛，无意中进入出版界谋生，很快他就显示出自己是"天生的出版商"。战争结束，他决定创办自己的出版社，便邀请阿西尔与他一同创业。他们曾经短暂地成为恋人，很快双双发现他们"缺乏充分的理由持续风流韵事"，不可能成为长久的恋人，于是理智地把关系归为"知己"。多伊奇浮夸、喜怒无常、难缠，开工资时十分吝啬，虽然阿西尔说他是"全伦敦最难相处的人"，但感念他给了自己最大程度的编辑自由，因此仍与他保持了终生的友谊和合作关系。

多伊奇先后创办了两家出版社，阿西尔与他共事，直到1993年以76岁的高龄退休。她有着极其敏锐的文学嗅觉、非凡的写作鉴赏力和无可挑剔的编辑判断力，擅长发现写作新人，第一个出版了奈保尔、莫迪凯·里奇勒和布莱恩·摩尔等人的作品，第一个把约翰·厄普代克、菲利普·罗斯和玛格丽特·阿特伍德等人的作品引进到英国。她还为波伏娃、凯鲁亚克、诺曼·梅勒、劳里·李、英国女诗人斯蒂夫·史密斯、女性主义哲学家玛丽莲·弗伦奇等作者出版了早期的作品。在她的关爱、鼓励下，沉寂了几十年的简·里斯和莫莉·基恩，在晚年分别出版了新小说《藻海无边》和《品行良好》，再次绽放出才华的光芒。这些编辑经历让阿西尔堪称英国最有影响力的文学编辑之一，也帮助独立出版社安德烈·多伊奇出版社在英语文学出版业有了不可小觑的重要价值。

阿西尔打过交道的作家中，她最喜欢爱尔兰女作家莫莉·基恩，她认为最好的男人是美国作家约翰·厄普代克，而奈保尔最缺乏个人魅力——每当她需要通过感恩来振奋自己的精神时，都会告诉自己："至少我没有嫁给维迪亚（奈保尔）。"奈保尔曾向她求爱，在一次吃晚餐时亲吻了她，阿西尔和他"短兵相接"几个回合，看到奈保尔严重自大的那一面，拒绝了他。

半个世纪的出版生涯，"年老的前编辑的故事"，阿西尔趁自己没有完全遗忘，记录下它们，取名《未经删节》。回忆录有两部分，一部分是她的编辑日常工作，一部分是她为六位作家，莫迪凯·里奇勒、布莱恩·摩尔、简·里斯、阿尔弗雷德·切斯特、V. S. 奈保尔、莫莉·基恩写的人物小传。

希望或已经成为图书编辑的读者，不妨重点看回忆录的第一部分，那揭开了出版业赤裸裸的真相，完全可以当作行业指南，每句话都是阿西尔最个人的经验与心得。

她一句棒喝，说明白编辑应具备的基本修养：

"编辑永远不要期待感谢（偶尔收到时，应该将其视为意外的收获）。必须永远记住，我们只是'助产士'，如果想要听赞美，就得自己去生孩子。"她很享受这份工作。做图书的助产士"就像从一个形状笨拙的包裹中取出一层层皱巴巴的棕色包装纸，然后慢慢将里面的漂亮礼物展示出来"。而且，这份工作扩大和延展了她的生活，让她每天有事可干，能赚到足够的钱维持生活，并且遇到非常有趣的人。

一个好编辑往往通过一个细节就可以判断出一本书的好坏，阿西尔正具备如此天赋。美国作家诺曼·梅勒的成名作《裸者与死者》是阿西尔出版的。这部战争题材的小说"因语言淫秽"被伦敦六家大出版社拒稿，阿西尔收到书稿，感慨在文字上设置禁忌是多么愚蠢，并注意到一段描写："那是关于疲惫不堪的士兵在深深的泥沼中挣扎着举枪的段落"。这个细节让阿西尔坚信她看到的是杰作，冒着极大的风险坚持出版了这本书。这本书奠定了阿西尔和安德烈·多伊奇出版社在业内的地位和盛誉。

她紧接着又提醒，某些细节是作者玩的花活，是故弄玄虚，编辑看到，会受到一种神秘的牵引："我无法理解这个，这超出我的理解范围，或许反而非常特别。"阿西尔不以为然:"这种因为抓不住重点而产生的惯常反应有一种感人的谦逊,但没有什么意义……因为这是一种对智慧的背叛,这种背叛允许大量垃圾伪装成艺术。"

阿西尔入行之际,正逢英国战后文化复苏的时代,图书短缺,一本文学图书哪怕明显卖不出去,只要阿西尔"宣布这书不错,我们就会立刻不假思索地发行"。那真是出版业的黄金时代啊。20世纪70年代之后,图书制作成本不断上升,像多伊奇这样的小型独立出版社生存得越来越艰难,不得不把股份卖给跨国传媒集团。美国时代公司旗下的"时代生活"接管了多伊奇出版社,要求出版社按大公司的模式运营,比如交出未来五年的出版计划,比如参加富有异国情调、华而不实的销售年会。多伊奇出版社的会计写信给"时代生活"的财务说:"我们在五年内要出版什么,取决于某些坐在阁楼不知名的人们脑子里在想什么,而我们不知道那个阁楼的地址。"此后,多伊奇出版社经历了多次转手。

编辑们力图弥合出版商认为有趣的内容与普罗大众认为有趣的内容之间的差距,减少小说,多出非虚构类作品,阿西尔感到大脑一片空白:"要么不得不内心痛苦地拒绝一些好作品，要么自欺欺人地出版一些亏本的东西。"

阿西尔退休后反思，在她的职业生涯里，出版业从业者属于知识精英阶层，我们认为的"好书"往往也只是这个社会阶层观念中的好。"阅读和吃饭其实是一样的，最大的需求永远是快速、容易、简单、能立即识别的口味——比如糖和醋。"这种需求一直存在，只是当下的出版界"更奢侈地迎合了这种愿望"。

多伊奇出版社遇到的困境、挣扎和努力，在中国的出版人、读者看来，有令人熟悉的沮丧。

对残忍，他们从不感到惊讶

《未经删节》全书的华彩是第二部分，阿西尔写下了她与六位作家的交往。那是六篇杰作。

编辑和作者的关系，阿西尔原本抱着佛系的态度，认为"双方都没有义务努力建立亲密的私人关系"。当然，"如果真的由此开出了喜欢的花朵，也是一种自然的发展。"她用耐烦的心培育出花朵。

作者普遍有种心理，"无论他们的书挣了多少钱，都应该完完全全属于自己"。于是，作家看编辑就是给自己做衣服的裁缝，"工作干得还不错的令人愉快的人，允许一定程度的亲密感"。因为裁缝必须了解某些私密的尺寸，但绝不会被做衣人请吃饭。反过来，阿西尔对作者的奉献，润物细无声。

有的作者依赖编辑，就像网球明星依赖自己的父母，这时候阿西尔不得不扮演保姆的角色，简·里斯的小说《藻海无边》可以说是她哄出来的。她从人海深处把里斯打捞出来，给予里斯极大的理解和同情。阿西尔鼓励她写下去，在生活、精神乃至法律上援助她，那是扔给了她一个救生圈，让衰老、脆弱的她有一丝力气"迎着艰难的命运"，游出酗酒、孤僻、贫穷、偏执、不切实际和精神崩溃的苦海。里斯创作《藻海无边》用了九年时间，漫长又艰辛，如果没有阿西尔持续的悉心呵护，里斯会怎样？她还能完成这部人生最后的长篇小说吗？

阿西尔不惜笔墨描写了与里斯紧密相连的两个地方。一个是她的出生地多米尼克，这个加勒比汪洋中的岛屿被火山和雨林填满，极其孤绝，却是她的心灵属地；一个是她晚年生活的凄凉陋舍，"位于一排连在一起的单层棚屋的最后一间，是一间掩映在树篱之后蜷缩着的灰色建筑，很不起眼的权宜之所。看起来好像由瓦楞铁皮、石棉和焦油毡搭建而成……厨房……大约十英尺见方……唯一的取暖设备是一种电暖器……除了烧焦人们的小腿，几乎无法温暖空间。房间里放着简工作兼吃饭的小桌子，两把直椅，一个食物柜，一个餐具柜，这些，就是全部的家当，这里，就是简度过每一天的房间"。在这平房里，里斯完成了《藻海无边》，阿西尔"清晰瞥见了简·里斯的核心奥秘，一个如此无能的人，一个承受了混乱、灾难，甚至毁灭的人，内心是钢铁般坚强的艺术家"。

只有理解了里斯生命起初和终了的两个地方，才能真正看懂里斯的小说。

阿西尔同样写了奈保尔的家乡特立尼达，力图帮助读者理解奈保尔的作品。她一丝不苟地描述了奈保尔的冷酷、自大和残忍，自嘲与他相处时的勇气和自欺欺人。在她去特立尼达旅行过后，终于明白奈保尔要逃离什么，以及他为逃离家乡付出了何种代价，那是贯穿他一生的绝望和焦虑。他们曾经谈到如何渡过生活中的难关，阿西尔说，靠简单的快乐，比如水果的香味、泡热水澡的温暖、干净床单的触感、花朵应和着生命轻颤的方式、鸟儿轻快的飞翔。奈保尔悲伤、困惑地回答："你真幸运，我就不行。"阿西尔直言不讳地评论，奈保尔的作品缺乏这种被称为动物本能的东西，所以是"褪了色的"，它们确实能给人留下深刻印象，但并不吸引人。

阿西尔的性情坚定、活泼，行事坚决、明智，她却奇怪地被悲剧人物吸引了。她以近乎痛苦的诚实观察每一个迷失的灵魂，同情地写出他们沉沦在那种被定义为"疯狂"的漩涡里，赞扬他们的美德，不带一丝说教。

一个女性主义者自觉的一生

戴安娜·阿西尔生于 1917 年，于 2019 年去世，享年 101 岁。

阿西尔的母亲爱丽丝，出身于书香馥郁的家族。爱丽丝的父亲威廉·卡尔（William Carr，1862—1925）是历史学家、传记作家，外公詹姆斯·弗兰克·布莱特（James Franck Bright，1832—1920）曾担任牛津大学大学学院的院长，在历史学和传记写作方面颇有建树。两位先辈让阿西尔知道了，"读书也可能成为一份工作"。

卡尔家族在诺福克郡乡间有一座迪钦厄姆庄园（Ditchingham Hall）。庄园原本属于某世袭男爵家族，红砖建的主楼建于 1710 年，卡尔家族在 1885 年买下来后，扩建了宅邸，足有 20 间卧室。庄园里树林茂密，风景清幽美丽。在这里，阿西尔度过了无忧无虑的童年时光，她和弟弟、妹妹一起骑马、打猎，听外婆朗读毕翠克丝·波特、吉卜林、沃尔特·司各特的作品。大宅里，抬眼望去，到处都是书。"阅读是人们在室内做的事，就像骑马是在户外做的事一样，这是生活的重要组成部分，而不仅仅是一种乐趣"。成年后，她相信文字的力量，将自己的一生奉献给了书籍："书本能带我远远超出自身经历的狭隘界限，极大地扩展我对生活复杂性的认识：它充满了黑暗，以及，感谢上帝，还有那一直艰难跋涉的光明。"

相比起来，阿西尔的父系家族乏善可陈。她父亲是一名军官，没有什么家业，甚至"没能拥有让我们得以扎根的土地"，以至于小家庭要依附于妻子家族的庄园。也因此父亲家族的男人视自己谋生为理所当然，这是她受到的另一种家庭教育：你必须脚踏实地，自己谋生，此法则也适用于女儿。

阿西尔很早就认识到，时代已经不允许女人把婚姻当作"绝对靠得住的谋生手段"。她成长为英国最早的一批职业女性，思想独立，反抗传统，从不自负自夸，不自怜自恋，更不自怨自艾。当时髦的社会思潮涌来，她不会随波逐流，观察和见解清晰得令人不安，哪怕这些清晰暴露了她情感上的弱点和缺点。她归结于自己"是个典型的英国人，喜欢清醒"。

精确、清晰和沉着，不仅是她观察世界的方式，也是她行文的风格。读者或许感到某种冷淡疏离，奇怪的是，不会感到寒意。

阿西尔终生未婚，只短暂地订过婚。未婚夫与别的女孩发生一夜风流，阿西尔痛苦之余，开始思考占有和忠诚："有人以为那表明对一个人的爱，并非要控制对方。但对有些人来说，（不控制对方）根本是不可能的。"她认识到"女人其实也能不谈爱，仅仅因性就可以燃烧"。而婚姻对当事人提出了"占有和忠诚"的要求，可她的天性不喜欢占有，忠诚也非她的美德，"夫妻关系里，善意和体贴才是最重要的"，而非不对等的忠诚。她尊重别人的忠诚，但以为"如果在性事上天天盘旋纠结忠诚问题，就有些无聊了"。

同时她意识到自己"非同寻常地缺少母性本能"，不愿为了丈夫和婚姻而生孩子。她心中有些重要的事，是不该被别的事打扰的，显然儿女之事不在重要名单上。她竭力要摆脱婚姻这一游戏规则的束缚，于是主动放弃了婚约。后来有男人愿意和她结婚，阿西尔形容，这就像上流阶层的俱乐部终于接纳了某位出身较低的名演员：那是带着不屑和傲慢的恩赐。她不需要这种恩赐。

摒弃了婚姻，却在偶然间促成了阿西尔事业的成功：她必须工作，这是她独立的经济来源。

阿西尔成为编辑的年月，女性在出版社的位置通常被安排在营销部门，而非董事会。她在多伊奇出版社担任执行董事，但收入并不高，她敏锐地注意到了男女没有同工同酬的问题，并进行了反思。在《未经删节》里她写道，"出版业都由许多收入微薄的女性和一些收入更高的男性经营着，女性当然能意识到这种不平衡，但她们似乎认为这理所当然。……我想部分原因一定在于后天养成：在很大程度上，我所处的环境将我塑造成取悦男人的人"。

她承认自己没有为不公正的对待争辩过什么，也钦佩那些积极争取女性权利的活动家。她坦率地剖析自己，做编辑这份工作，是因为自己喜欢，它能带来做好工作的满足感；加之天性"懒惰"，不愿为金钱操心，不愿意为了钱去做任何自己不想做的事，只乐意花钱，在出版这门复杂的生意中，她"唯一真正身心均想沉浸其间的，只有对书籍的选择和编辑"，所以她选择做花钱的编辑，而不是负责赚钱的出版商。她的真实想法是，"安德烈（多伊奇）确实利用我的天性占了我的便宜，忽视了我的感受，廉价使用了我，但就这份工作而言，还谈不上伤害了我的感情。"她确实没有感受到男女薪酬不平等带来的痛苦，因为她"正好在做自己想做的事"。她不内疚自己在争取平权上的惰性，指出，一个人的所作所为同时受到后天环境和天性的影响，"为什么一个女人做了同样的选择，就应该认为她被洗脑了呢？"

她把自己看作是"人"，而不仅仅是"女人"。她不是激进的女权活动家，她是温和的真正的女性主义者。别忘了，是她出版了波伏娃的书。

　　阿西尔最欣赏简·里斯的文风。里斯常常说，文字要"删，删，删"，阿西尔对此非常认同，"精确的写作意味着精确的思想"。文如其人，阿西尔这一生都不曾拖泥带水。

目录

Part *1* 第一部分

1

几年前，身兼作家和历史学家的美国出版商汤姆·鲍尔斯好心地对我说，我应该写一本关于自己五十年出版生涯的书，他还说："你得把所有数字都写进去，人们就想知道这个。"这些善意的话，导致本书差点在我提笔前就胎死腹中。

这一部分是由于家庭背景，这个我等下会解释，但我确定，更重要的是因为我心理上的某个怪毛病：我记不住数字。每次我回忆起在伦敦住过的各种房子时，我能看到前门的不同颜色、通往其间的台阶被磨损的不同样子、围绕着各块土地的不同栏杆，但全然不记得任何有关的数字。我的银行账号多年来一直没变过，但我每次写支票时，还是需要查阅支票簿才能写下账号。每次需要告诉一位作者他的书籍印量时，要是手头有材料，我就可以告诉他们；但要是三个月之后再来问我，到底是 3000 册还是 5000 册，我就不知道了。我现在唯一记得的出版相关数字，是我们支付给简·里斯[1]的小说《藻海无边》

1　简·里斯（Jean Rhys，1890—1979），出生于加勒比海岛国多米尼克的英籍女作家，虽已逝去多年，如今仍具先锋意义。她在 1966 年出版的最后一部长篇小说《藻海无边》以夏洛蒂·勃朗特名作《简·爱》的前篇形式呈现，是她的最佳作品。——译者注（本书若无特殊标明，均为译者注。）

的出版期权那令人汗颜的 25 英镑，以及我们为弗朗茨·冯·巴本[1]所写回忆录的连载版权支付的 30000 英镑，这个数字在当时令人印象深刻。

我当真能研究数字吗？

不，我做不到。

在安德烈·多伊奇出版社[2]（自四十多年前成立以来我一直是该出版社的董事之一）于 1985 年被卖给汤姆·罗森塔尔后不久，汤姆就将这家出版社的全部档案卖给了俄克拉荷马州的塔尔萨大学，而我，既没有钱，也没有精力去塔尔萨钻那些小山一样高的纸堆。我承认我对自己这种能力欠缺还挺心存感激的，因为我其实还有一个不足，我知道优秀的研究人员都喜欢做研究，但我的确从未做过，而且我已经八十多岁，不打算再培养这种本事了。所以本书估计不会是汤姆·鲍尔斯感兴趣的那种有用的书，

1　弗朗茨·冯·巴本（Franz von Papen，1879—1969），德国政治家、外交官，曾在 1932 年 6 月至 11 月担任德国总理，兼任普鲁士邦总理。1933 年 1 月 30 日，希特勒上任德国总理，巴本任副总理，意图阻止希特勒及其纳粹党行动，发表马尔堡演说，触怒希特勒后被软禁。随后离任副总理职位，受命为德国驻奥地利公使，促进了德奥合并。"二战"后，巴本成为纽伦堡审判二十四名被告之一，但最终因罪名不足被释放。
2　由出生于匈牙利的英国出版商安德烈·多伊奇（André Deutsch，1917—2000）创办的出版公司，成立于 1951 年。

但也只能是这个样子了。

我为什么要写这本书？并不是因为我想写一本20世纪下半叶英国出版业的历史，而是因为我已经活不了多久了，当我离开人世，所有储存在我脑海里的经历也会消失，就像用个大橡皮一擦就没了。我内心深处有某些东西发出了尖叫："哦，不！至少救回一部分吧！"这就像一种本能的抽搐，而非理性的意图，但具有相同的说服力。按照印刷厂的传统惯例，如果想要恢复已删除的文字，编辑会在该文字下方打一排小点，同时在页边空白处写上"未经删节"[1]几个字。所以写这本书时，我试图以最原始的形式（很遗憾缺少数字）来对我的部分经验进行"未经删节"处理。已经有很多人对这个行业做出了更好的描写（尤其是杰里米·刘易斯[2]在《志趣相投》中所描述的一切，不仅风趣宜人，还尽可能叙述了出版业所发生的所有事情及背后的原因）。而本书的

---

1 原文为"Stet"，校对用语，即表示"不删，保留原句"，这里为书名考虑，译法赋予了文学性。

2 杰里米·刘易斯（Jeremy Lewis，1942—2017），英国重要出版人、作家，曾供职于多家出版社，包括查托和温达斯出版社、牛津大学出版社、威廉·柯林斯出版社等，也曾担任《伦敦杂志》的副主编，晚年撰写多部传记作品，代表作《志趣相投》（Kindred Spirits）。

全部内容，只是一个年老的前编辑的故事，她想象着哪怕只有几个人愿意去读，也可以让自己死得不那么彻底。

　　故事开始于我父亲告诉我："你必须自己谋生。"这话从我童年时期，也就是从1917年开始，他就经常在说，但他这么说，暗示着谋生这件事并不很自然。我不记得自己曾对这个想法感到不满，但确实有点令人担忧。这是因为我外曾祖父，一位约克郡的自耕农兽医，当年赚了一笔大钱，但也可能是娶了个有钱老婆，然后在诺福克买了一幢带有1000英亩土地的漂亮房子。在我们这一代孩子们看来，这里仿佛自古以来就是"我们的"，正是因为这个地方，一直让我觉得自己属于母亲这边的家人。我父亲那边则基本没赚到钱，光亏钱，所以没能拥有让我们得以扎根的土地。他们在17世纪从诺福克出发去安提瓜搞甘蔗种植园，干得倒还不错，但最后生意失败，积蓄也花完了。所以到了我那个时代，阿西尔几代男人们已经将自己谋生视为理所当然。但即便他们有着更为脚踏实地的一面，将这一法则施用于女儿身上，我也还算是第一代。女儿们如果结婚，当然用不着自己去谋生，可是——当然这话他从没说过——这个时代的婚姻取决于没有嫁妆加持的"爱情"，所以结婚已经不再是绝对靠得住的谋生手段。

直到最近，步入晚年的我开始思考自己在出版业的职业生涯时，才意识到我的家庭背景所起到的很多决定性影响。

1952 年，与安德烈·多伊奇在他的第一家出版社艾伦·温盖特出版社工作了五年之后，我和他一起成为他的第二家出版社的创始董事，这家出版社以他的名字命名。因此，也可以说我近五十年来都是个出版商，但实际上我并不是，而且是我自己的出身阻碍了这一点。

我虽然一生都谈不上大富大贵，却继承了一个典型的"富贵病"：有强烈的懒惰倾向。我的内心深处潜伏着一个固执的生物，它觉得钱就应该像雨一样从天而降。如果事情不是这样，那太倒霉了：就像一个忍受干旱的农民，总得以某种方式渡过难关，否则就要面临破产，这当然令人焦虑，但总比为金钱发愁而毁了自己的日子要好。我当然一直都知道，人不得不操心金钱，而且在某种程度上我也是这样做的，但仍然是能免则免。这意味着虽然我从未选择什么都不干，但确实也没有去做任何自己不想做的事。我不知道我到底是"做不到"还是"不愿意"，但感觉更像是"做不到"，而我做不到的事情里有很多都属于出版商必须去做的事。

出版是门复杂的生意，涉及买、卖、制作或让别人制作。它买卖的是人们想象力的产物，这是书籍的原材料，还有各种法定权益。它制作的产品各不相同。因此，出版商必须能理解和控制复杂的财务和技术结构；必须是聪明的谈判者，善于讨价还价；必须有一种精明的本能，知道什么时候该大方花钱，什么时候该锱铢必较；必须能有效地管理或找人管理人满为患的办公室；最重要的是，必须能兜售出自己那些各式各样的产品。但我正好相反，我只会花钱，讨厌责任感，讨厌告诉别人该怎么做；最重要的是，我无法向任何人兜售任何东西。我不是个傻瓜，很清楚我不能也不想掌握的这些方面非常重要，甚至也对这些方面了解不少。尽管我对自己的无能感到愧疚，但不得不承认，我唯一真正身心均想沉浸其间的，只有对书籍的选择和编辑。这当然是出版过程中非常重要的一个环节，但如果没有其余的环节，它就一文不值。

所以我并不是出版商，我只是个编辑。

但即使作为编辑，即使我非常喜欢这份工作，我也完全不能接受下班后工作，这充分暴露了我的"业余"本性。比如开早餐会以及周末把工作带回家，这两件被许多人视为热爱工作的必要证据的事，这两件让那位"天生的出版商"安德烈·多伊奇沉迷的事，我却深恶痛绝。在工作中结识的人极少能进入我的私人生活，当然这也因为办公室和我家相距甚远，而家是比办公室重要得多的地方。虽然我为自己在工作里的局限性感到羞愧，但我并不以将私人生活看得比工作重要而感到羞耻，在我看来，每个人都该这样。

尽管如此，编辑工作确实扩大和延展了我的生活，对此我深怀感激。它让我每天有事可干，能赚来足够的钱维持生活，它几乎总是令人愉快的，而且它也不断验证了关于出版业的一句老生常谈：你一定会遇到非常有趣的人。因此，本书的第一部分是关于我的日常工作，第二部分则是关于一些有趣的人。

2

　　尽管我的家庭环境导致了我在出版工作方面的局限，但同时也为我成为一名编辑做好了充分的准备。问问自己童年时最重要的事是什么，我的答案是，"恋爱、骑马和读书"。

　　这些都开始得很早。我第一次坠入爱河时还没满五岁，毕竟，从窗户探头朝心爱的人脑袋上吐口水来吸引注意力的人，不会比五岁更成熟吧？他是园丁的儿子，名叫丹尼斯，长着一双忧郁的棕色眼睛，每天都在后门边操作一台绿色的铁手泵，给我们全家提供洗澡水。泵柄每次压下，盥洗室上方阁楼上的水箱就会喷出水来，刚开始是层叠的大股水流，逐渐变成涓涓细流。有一天，听到水泵启动的声音，我走进盥洗室，探身窗外，深情地凝视着下面的平顶帽，直到忍不住想要说点什么的愿望，于是朝下吐了一口口水。他感觉到了，抬起头，那双美丽的棕色眼睛对上了我的，我立刻兴奋地冲出盥洗室，满脸通红，气喘吁吁。从那以后，在我记忆里，我再也没有远离过这种陷入爱情的感觉。

　　我骑马也比一般孩子开始得更早。当我妈而不是保姆带我出门时，她不喜欢推婴儿车，而是会将一个像微型椅子般的奇怪小马鞍绑在一匹年老的矮种马上，再把我绑在里面，牵马穿过草地，这样就不必沿着小路推婴儿车了。这真是个可爱的改进，预示着未来很多年中，只要在户外，我就会在马背上。

我最早的阅读是从听故事开始，然后逐渐与自己读书相重叠，因为我外婆（我们在她家附近住了很多年）喜欢朗读，她的声音那样洪亮、美妙，我们从不厌倦。她有时会为小一点的孩子们读毕翠克丝·波特[1]或《原来如此的故事》[2]，为大一点的孩子们读《雷穆斯大叔》[3]或《丛林之书》，为再大一点的读《基姆》或沃尔特·司各特[4]（还非常巧妙地跳过了无聊的部分，以至于我们从来不知道书里还写过

1　毕翠克丝·波特（Beatrix Potter，1866—1943），英国著名的儿童文学作家，创造了英国乃至世界卡通史上著名的兔子形象——彼得兔。

2　《原来如此的故事》（*Just So Stories*），诺贝尔文学奖获主、英国作家吉卜林所著，是一本关于世界起源的幻想故事书。后文提到的《丛林之书》（*The Jungle Book*）和《基姆》（*Kim*）也是吉卜林的作品，内容更加宏大，是写成人的儿童文学。

3　《雷穆斯大叔》（*Uncle Remus*），由乔尔·钱德勒·哈里斯（Joel Chandler Harris）改编，出版于1881年，是一部非裔美国人的民间故事集，1946年迪士尼公司以该故事为原型创作了真人动画电影《南方之歌》（*Song of the South*）。

4　沃尔特·司各特（Walter Scott，1771—1832），英国著名的历史小说家和诗人，代表作《艾凡赫》。

那些）。无论她读什么，每个人都会侧耳倾听，因为她读得非常美。抬眼望去，到处都是书。在我们自己家，书堆在桌子、椅子、架子上；在我们常去的外婆家，沿着藏书房的四周，书从地板一直堆到天花板，占据了晨间起居室整整一面墙，加上我外公书房的三面墙，以及被我们称为"那条走廊"的通道墙壁，此外还占据了婴儿室墙壁的四分之三。过圣诞节和生日时，我们收到的礼物十有八九都是书，而且从来没人制止我们读任何东西。我外曾祖父曾是牛津大学的硕士，我外公在读大学时追求我的外婆，还写过几篇获奖论文（外婆一直偷偷保存着，并在外公去世后发表了它们），从这些文章中可以看出，他一定曾想过在自己的父亲去世前成为一名职业历史学家，好让父亲心满意足。但家里任何人都没有想到过，读书也可能成为一份工作，因此我当然也从未想过。阅读是人们在室内做的事，就像骑马是在户外做的事一样，这是生活的重要组成部分，而不仅仅是一种乐趣。随着年龄的增长，"你必须自己谋生"从我父亲嘴里的一句话，变成了真实的前景，我没有勇气想象自己具备在出版界工作的优势，但我永远不会质疑，这份工作是最称心如意的。

如果出版业对我来说太过炫目，我又能做别的什么呢？我相当聪明，上过牛津大学……但上过牛津并不意味着我就拥有了做任何事的资格和能力。而且，正是在牛津大学，我最大程度地挥洒着自己闲散的个性，在那里度过了生命中最美好的时光。我曾经想过教书，或做护士，但这二者都让我有面对一桶冷粥的感觉。我真的不知道还有什么其他类型的工作可做。当时和现在的一个巨大差别是，在那个时代，所有二十岁出头的英国中产阶级女性，毫无例外地都不会认识任何有工作的同龄女性。因此，尽管我有相当多的朋友，却无法向她们寻求指导。

在这个问题变得真正令人不安之前，第二次世界大战开始了，问题也随之烟消云散，至少从职业角度去思考它变得没有必要，甚至不太可能。你必须融入任何战争所能提供的工作并坚持做下去。如果你喜欢那份工作，你很幸运。如果不喜欢，那也只不过是残酷战争的常规组成部分，你只能忍受，而不是大惊小怪。

我属于幸运者之一。几次试错后，一位牛津大学的朋友碰巧在BBC的招聘办公室找到一份工作，看到有个能进入附属于其海外新闻部的新信息服务机构的机会，于是将我推荐给了 BBC。我得到了这个机会，一直在那里工作到战争结束。我已经忘了是哪个政府部门负责管理这件事，但我们干的所有工作都会不时受到审查，如果发现对战争没有贡献，就会引导我们去干更有用的事。比如告诉海外新闻部戴高乐将军是谁，或普洛耶什蒂[1] 的油井产出了多少石油，这些就属于极其重要的工作。所以我战时的命运是和一群相处甚欢的同伴们一起干这份简单的工作。这份工作很容易，因为所谓信息服务只需要知道去哪里查找信息就行。无论如何，在那些日子里，BBC 已经将《泰晤士报》当作《圣经》一样的存在。无论你向谁展示《泰晤士报》的剪报，他都会立刻相信[2]。

1　普洛耶什蒂，罗马尼亚南部城市，在欧洲以拥有历史悠久、规模最大的油田而闻名。"二战"期间，该城市为德国纳粹的重要石油供应地。1943 年 8 月 1 日，美军向普洛耶什蒂油厂进行了大规模轰炸，彻底破坏了油厂的生产能力，史称"普洛耶什蒂大轰炸"。

2　BBC 的信息服务是由一个外号叫"单身汉"的人创办的，他为《泰晤士报》也搭建了同样的服务。我们曾嘲笑客户们对报纸过于依赖，但实际情况是，多亏了"单身汉"先生，这份报纸确实提供了非常有用的信息。报纸比我们略占优势，是因为它的剪报库运行的时间更长，因此更大；但我们的组织结构同样令人钦佩，而且在严谨方面毫不逊色。我刚去的时候，"单身汉"的地位已经非常尊崇，手下们经常见不到他，但毫无疑问，他的工作非常出色。——原注

3

过了一段时间，我和 BBC 的一位同伴合租了一套公寓。在那之前，为了安全起见，我们的办公室被疏散到伍斯特郡的伊夫舍姆，因此我也一直住在临时营舍里，起居室和卧室不分，令人感到压抑。后来我们回到伦敦，等待希特勒的秘密武器——飞行炸弹和远程导弹。伦敦这套公寓位于德文郡广场一座庄严的楼房的最高两层，这条街道历史上曾是英国身价最高的医生居住的地方，他们因战争搬走，目前暂时空置。玛乔丽和我一起住在顶层，厨房也在这一层，乔治·威登菲尔德和亨利·斯旺齐则住在我们楼下。

当时 BBC 有少数年轻人得以豁免兵役。乔治也名列其中，因为他是奥地利人，而亨利则是因为……我突然发现我不知道亨利被豁免的理由，不过亨利在第二次世界大战被豁免还是说得过去的。第一次世界大战爆发时，狂热的沙文主义盛行，男人只要不穿军装就会有女人把白羽毛塞进他的衣服里表示鄙视。而到了第二次世界大战期间，我就再也没见过或听说过任何沙文主义了。也许亨利因身体虚弱而被取消了服役，或也许他是个道义拒服兵役者，别人认为他在 BBC 工作比在煤矿里更有用吧。也许我曾经知道理由，只是那个理由对我们来说不重要罢了。但不管怎样，亨利也在那里，最初是他与乔治同一个叫莱斯特的人合租，后来莱斯特离开伦敦，亨利就与乔治、玛乔丽和我一起住。当时乔治正在追求玛乔丽，所以把我们一起拉进去很可能是他的主意。

男士那层带有一间令人艳羡的浴室，镶着镀铬的黑色玻璃，还有一架钢琴，亨利经常在那里演奏伤感的音乐，因此显得格外与众不同。我们的浴室则非常简陋，说不定原来就是女仆的浴室，但厨房是个优势，因为公寓里的公共生活必须以它为中心。我的父母和玛乔丽的父母从来没有质疑过我们这种男女混居是否适宜，但这是因为他们选择相信我们那不可动摇的贞洁，还是因为我们避免提及乔治和亨利，我已经不记得了。

玛乔丽和乔治最后上了床。她认真地爱上了他，导致一些同事们惊呼"真恶心"，还有"她怎么会"……这是因为二十四岁的乔治已经身材发福，还长了张青蛙脸。但他的智商是我们认识的大多数年轻人的五倍，而且很有性吸引力。我很快就注意到（但玛乔丽并没有），那些高喊"恶心"的人，往往是一个月前就和他上过床的女人们。

更确切地说，不是我注意到了这一点，而是从乔治本人那里听说的，因为在他少不更事的莽撞年纪，由于太沉浸于性事成功而经常口无遮拦。他曾在袖珍日记的背面列了一份征服清单，每次我们在厨房，只要玛乔丽不在，他就拿出来给我看。我还记得他兴高采烈地说："看，第五十个！"

那时的我沉浸于情伤之中，几乎没有性生活。跟我订婚的那个男人去了中东服役，先是对我不理不睬，后来又娶了别人，最后又在战争中离世。又过了一段时间，我发现和不同男人上床能让我开心起来，但那是离开德文郡广场之后的事了。我的内心世界黯淡无光，表面娱乐因此变得更加重要。如果玛乔丽正和乔治一起驶向幸福，那么这场景或许会令我感到难以忍受的痛苦；但事实上，尽管我很喜欢她，也没想和她过不去，但我发现观察这段关系很有意思，而且逐渐让我变得愉悦起来，这是我第一次被自己敏锐的透视眼震惊到。

八九个月后，莱斯特回来了，宣称他要占据一半公寓，于是玛乔丽搬去和她父母住了一段时间，我则又回到临时营舍。在离开之前，我们的厨房见证了一件大事：我们四人为乔治很快就要去做编辑的期刊取了个名字。经过大量罗列和多次否决后，我们找到了个好名字："接触（Contact）"。一次选名聚会上，在话题漂移之前，有人问乔治，他的终极目标是什么，他回答："非常简单，必须成功！"这就是乔治出版生涯的开始，这个方向第一次变得明朗。不久后，我通过乔治认识了一个人，我的出版生涯就如同深埋地下的鳞茎般，发出了第一片苍白的尖叶。

*

　　在这件事之前，我的心情已经开始好多了，一方面是因为我幸运地陷入了一桩轻率而愉悦的风流事，另一方面是玛乔丽母亲的牙医告诉她，他想让出自己位于安妮女王街房子的顶层，这地方距离德文郡广场只有几分钟路程，于是我和玛乔丽就接下了。牙医把这一层改造成了一间优雅的小公寓，给他儿子用，但他儿子在厨房里将脑袋伸进煤气炉自杀了，因此我们一开始并不喜欢那里。但很快我们就认为，这个可怜的年轻人一定个性软弱，因为没有哪间公寓的氛围比这里更愉快了。德文郡广场确实很有趣，但也很不舒适，破旧肮脏。安妮女王街则让我们有回家的欣喜。

于是我们决定办个聚会来庆祝一下。乔治是一定会来的，他还带来了安德烈·多伊奇，就是他将乔治介绍给将要制作和发行《接触》的出版社，也就是很快将不复存在的尼科尔森和沃森出版社。安德烈二十六岁，与我同龄，是匈牙利人，来英国学习经济学，随后被卷入战争，并作为敌对外国人被拘留在马恩岛。后来匈牙利人很快被释放了，条件是定期向当局报告，于是安德烈带着与他同时被拘禁的另一个人写给一位知名书商的信返回了伦敦，该书商将他转介绍给尼科尔森和沃森出版社的董事总经理约翰·罗伯茨。罗伯茨是个善良、慵懒、酷爱豪饮的家伙，几乎单枪匹马地挣扎着维系这个出版社的运转，他安排安德烈做销售，开心地发现这个年轻人聪明且精力充沛，渴望学习这个行业的方方面面。实际上，安德烈也正在寻找自己的未来方向，来参加我们的聚会时，他为出版社做的工作远不止拜访书商和图书管理员而已，对此我倒不太在意。毕竟，他本来说不定会成为低级打包工呢。他是我见过的第一个"出版界人士"，足以令我崇拜。

他身材矮小，身体匀称，一副男孩模样。我还记得自己当时就觉得他的嘴唇如同孩子般清新柔软，还惊讶地发现这很有吸引力，因为我通常更喜欢男人粗犷的一面。他坐在地板上唱"雾蒙蒙的水珠"[1]，考虑到他是匈牙利人，这相当出人意料，但又非常迷人，我立刻觉得自己了解他甚于了解房间里的其他人。两天后，他请我去吃饭看戏，我很是高兴。他住在骑士桥马厩房的一幢小房子里，这也让我觉得很厉害。因为我从没设想过可以拥有一幢房子，这其实是他的一个外出参加战争工作的朋友借给他的，但看起来就像是他的，而这让他显得比我更"成熟"。看完戏之后，在那幢小房子里，我们吃了煎蛋卷，就一起上了床，在我的记忆里，双方都没觉得太兴奋。

到了晚年，我仍然记得坠入爱河的陶醉感以及更常见但同样令人沉醉的、强大的身体吸引力，坠入爱河的感觉很可能只是一种神经质状态，可是，

---

1 "The foggy foggy dew"，应该是爱尔兰民歌《迷雾水珠》（*The Foggy Dew*），创作于 1919 年。

没有其他东西能以这种方式点亮一个人。不过，我对和安德烈之间的恋情记忆已经有点模糊了。谈恋爱时，我几乎会一直思考到底是什么让我陷入，又是什么让我继续，直到那个男人开始一段新恋情。与其记住柔情，我更需要想清楚这些。

当我没有真的爱上某人时，我不会误认为自己爱上了，对这一点，我实在太清楚了。这不仅仅是筑巢本能，或许还因为我足够浪漫或可能足够现实，想要确保自己不能嫁给一个不爱的男人。最初很可能只是好奇心驱使，类似猫儿在某个角落伸出鼻子闻一闻的冲动，再加上我当时情感生活空虚，这似乎至少能填补一下。而一旦开始……好吧，也许这时筑巢本能终究还是接手了。虽然我从经验中得知，每次我真正爱上谁，几乎都是一见钟情，但也许在稍微不同的风流韵事里，我会怀有一种模糊的希望，希望这一次，说不定天时地利，爱情能被培养出来。不管怎么样，被人需要都会让我很开心，我也喜欢这种关系带来的社交和性爱，我喜欢去喜欢一个人，也会持续地被好奇心牵动。在我职业生涯的早期，只要看到玻璃底船就会让我联想起做爱，因为与男人的性爱关系让我有机会窥视他的外表下发生的事情。有一次，当某人第三次对我讲起他的童年故事，我发现自己在想"他已经是个挤完汁的柠檬渣了"……哦，天哪，我的透视眼！

我和安德烈很快就发现，我们不会成为长久的恋人。我觉得如果他更热衷于和我做爱，我倒也可以仅仅享受这个，但考虑到我因为失去自己真正想要的男人带来的打击导致的内心冷漠，以及他可能对我也有类似感觉，所以我们缺乏充分的理由持续风流韵事。他是个失眠症患者，虽然房间里有张双人床，但并不宽敞。我想睡觉的时候，他会坐起来看《泰晤士报》，随心所欲地发出无拘无束的沙沙声。这是他的房子，他的床，失眠令人尊敬，而瞌睡乏味万分。他曾经尖刻地告诉我，英国女人因嗜睡而臭名昭著。他经常评论英国人作为恋人的缺点，这是许多欧洲大陆男人的共同习惯，但令人感慨的是，他不明白这么容易激起"轮得到你来说吗"这类咬牙切齿的反应。我们并没有好好享受在一起的那十来个夜晚，只能说一起度过了而已，当他转向下一个床伴，我唯一的悲伤只是本能地对自己说"又来了，看看吧，你无法留住任何人"。我明白我应该把这种低落的情绪归结于抛弃了我的未婚夫，因此我并没有为难安德烈。事实证明，我们的风流韵事无关紧要，因为我们最终成了朋友，但考虑到我们性情如此不同，这一结果确实非常令人费解。

我们继续见面，我成了他爱情生活的知己，他则把我介绍给他的其他朋友，包括别的匈牙利人，还有三四个或多或少照顾过他的聪明可爱的年长女性。其中两名女性经营着一个帮助安置难民的组织，安德烈在被拘留之前曾在该组织做过兼职，一个名叫希拉·邓恩的人是他曾经交往过的一个女孩的姑姑，后来成了我的好朋友；另一个叫奥黛丽·哈维，是希拉的老朋友。我和她们认识的时候，由于我内心破碎，除了一起工作的人，我在伦敦不认识任何人，我战前的朋友们也分散各处、遥不可及。即使是那个曾帮过我且一直断断续续在帮我的快乐情人，也就是 BBC 海外新闻部隔壁部门的那个人，我们见面也只是吃吃饭、上上床而已，因为他是个已婚的大忙人。一群轻松有趣的熟人逐渐转变为好朋友，这意外的收获可真是非常重要的快乐。

第一颗飞行炸弹飞来时我正躺在安德烈的床上，醒着。听到发动机发出的奇怪声音，我们还以为飞来了一架飞机，但炸弹落地，先是一阵寂静，紧接

着就炸开了，我们推测那是被发射出来的。第二天
新闻里就说这是希特勒的"秘密武器"，我们都不愿
相信，这是迄今为止最令人震惊的可怕消息。除了
害怕无人驾驶引擎驱动的炸弹，因它而产生的惊慌
失措更令人恐惧，所以最好的办法似乎是干脆别去
想。这也是大多数人应对的方式，将恐惧封闭在第
一次听到这件可怕的事，到它呼啸着经过最终落到
别人身上，最后怀着内疚放下心来这一段短暂的时
光里。后来等 V2——能从数百英里之外向我们发射
的巨大导弹飞来时，我倒觉得情况没那么糟了，因
为这些导弹轰然坠地，不会发出任何呼啸警告，还
来不及害怕就会被杀死（当然回忆的时候，我才发
现 V2 更可怕）。为了睡个好觉，安德烈和我有时会
去和奥黛丽·哈维一起过周末，她住在距马里波恩
站坐火车约一个小时的地方。希拉有时也会在那里，
通常还有一两个匈牙利人。在那些物资严格配给的
日子里，亲爱的奥黛丽是如何慷慨地为我们准备晚
餐和早餐的，我已经不记得了，但我觉得我们应该
也自带了配给。这些令人开心的场景，对我和安德
烈之间逐渐形成的"家人感"贡献良多。

正是这种感觉使我们双方很自然地期待我能参

与他的计划——他决定战争结束后立即办一家出版社……我倒并没有抱多大期望，这最初只是个很临时的想法。他既没有钱，也没有人脉，怎么可能开出版社？就像有人说"等我赌球赢了要如何如何"，但如果他真的赌赢了，我当然想参与其中。

某天，我们正手挽手沿着弗里斯街散步，他忽然问我："你最开始想要的最低工资是多少？"我不知道该说什么。我希望能超过我从 BBC 那里拿到的每年 380 英镑，但我又不想让自己听起来那么贪婪，他对我的犹豫很不耐烦："500 英镑？"我回答："那就太好了。"这听起来已经很多了，但我们只是在谈论梦想，所以有什么关系呢？

我们一起度过了欧洲胜利日，随着一群人在西区闲逛，这些人大部分看起来像是终于松了一口气，而不是欣喜若狂。至于我自己的感觉，则是"终于结束了！"而不是"我们赢了！"，我必须不断为自己鼓劲以克服心里尚存的疑虑。对日战争胜利日的感觉则更好一点，与那些更敏感的朋友们不同，我那天并没有感受到原子弹爆炸的恐怖阴影（那是后来的事了）。我们被冲进涌入林荫大道的人群里，人们一遍又一遍地呼喊，希望王室成员来到阳台，身处其间，我们根本无法抗拒人群共振的情绪。这是一种温和的快乐，第二天早上看到报道说，虽然人们就站在宫殿前的花坛上，但每个人都小心翼翼，连一株植物也没有踩坏。

4

1945 年下半年，安德烈创办了他的第一家出版社——艾伦·温盖特出版社。我错过了大约一个月左右，因为我在当年七月后才离开 BBC，然后在诺福克的家里休息了一段日子。我现在还能记得七月时我还在 BBC 工作，是因为第一次战后选举的结果即将公布时，我在海外新闻部度过的那个夜晚非常令人振奋，比对日战争胜利日更令人兴奋。当电传打字机吐出大选结果，我们逐渐意识到工党获胜时，这才是"我们赢了！"的感觉。其他人对战后几年的记忆，往往强调持续的物资配给和经济紧缩，以及疲惫感，我的感觉却不同。恢复确实很慢，但怎么可能不这样？而且确实一直在恢复。事情正变得越来越好，社会也比以往任何时候都更公正和慷慨，还有什么好担心的呢？在接下来的许多年月里，国民医疗保健体系的建立及平稳运作，本身就证明了这种现在看似天真的乐观主义是合理的，人们怎么能忘了这一点？

我还错过了出版社的命名。去诺福克之前，我和安德烈度过了一个晚上，希望能从伦敦的电话簿中找一个 D 打头的、令他觉得舒服的名字，因为他父亲从匈牙利给他写信，让他别用自己的名字，担心英国人会以为他是德国人而恨他[1]。但他还是想保留姓氏的首字母，原因是他刚在一些新衬衫上绣了字母 D。他父亲的逻辑，不管当时还是现在，我都无法理解，事实证明它也非常脆弱，无法激励安德烈对电话簿中任何一个 D 打头的名字产生好感。虽然我不同意他父亲的观点（叫海涅曼[2]的人又该怎么办？），但我不在时他想到的出版社名字我倒也挺喜欢，这个名字听起来很像那么回事，以至于人们有时会说很高兴看到这家公司再度经营，就好像我们翻新了战前就存在的房子一样。

我回到伦敦，安德烈已经租好了办公室，位于

1　Deutsch，多伊奇，德语中有"德意志"之意。

2　Heinemann，常见德国人名。

大理石拱门附近的坎伯兰广场，一幢乔治亚晚期风格房子的底层，他与我们未来的会计师考夫曼先生一起搬了进去，此外还有两名秘书，包装工布朗先生，以及已经投了些资金的奥黛丽·哈维，她将在我们的名下编辑儿童杂志《青少年》。以商业艺术家身份谋生的希拉·邓恩绘画很棒，风格妙趣横生，将兼职担任奥黛丽的艺术编辑，还有个叫文森特·斯图尔特的英俊男子，以自由职业者的身份帮我们设计书籍装帧。背景里，还有个对我来说一直有点模糊的人物，名叫亚历克斯·莱德勒，是一名手袋制造商，他给我们提供了大部分资金。我天生的业余性在这个问题上再次表露无遗，我对安德烈是如何说服这个讨人喜欢但对这个行业全然陌生的人出血这件事兴趣缺缺，甚至从没想过要问一问。但我确实知道，我们的总资金是 3000 英镑，而当时人们普遍认为，投资出版社低于 15000 英镑根本无法运作，我知道这些数字，是因为安德烈不断提醒我们这一点，他敦促我们回收用过的信封，起身就关灯，以各种各样的方式厉行最严格的节约制度。

我们的前厅很宽敞，曾是这栋房子的餐厅，带着两扇高大的窗户和一根华丽的大理石烟囱。后厅稍小，也许曾经是主人的书房，面朝一口井，井边有一条宽阔的通道，可容纳布朗先生和他的包装长凳。通道尽头有一间盥洗室和一幢单层小屋，考夫曼先生就潜伏其间，能隔着井望向"书房"。

虽然在BBC我就和其他人共用一间办公室，但第一次看到前厅时，我依然感到很沮丧。只见安德烈的办公桌靠在其中一扇窗边，奥黛丽的办公桌则在房间另一端，壁炉对面靠墙放了一张相当漂亮的餐桌，几乎被成堆的手稿、纸样和参考书等埋在下面，因为我们暂时还没有架子、橱柜或文件柜。这张桌子的一角就属于我，希拉每周则有两三天使用另一角。看起来这份工作比我之前做过的任何事都需要集中注意力，我却被夹在其他人紧张工作的可怜空间之间，还伴随着他们眉飞色舞的电话和不断出现的访客……我真的能忍受这一切吗？

我刚开始所经历的这些不适，大部分已经从我脑海中消失了，但我还清楚地记得三四周后的某一刻。当时是午餐时间，我推开手边的工作环顾四周，只见安德烈正在与印刷商的代表谈判着条款，奥黛丽和她的一位带着两个孩子的作者谈着话，希拉则与一位艺术家一起浏览着绘画作品。"人的适应力真是惊人，"我心里想，"要不是我碰巧环顾这个房间，还以为自己是一个人待着呢。"

我的工作是阅读、编辑、文字编辑、校对，同时兼管广告，也就是说，当安德烈告诉我他想在哪些报纸上刊登哪些书的广告以及有多少预算之后，我就需要去预订版面，做好广告文案及设计。尽管阅读和编辑是迄今为止最有趣的任务，但一开始它们似乎并不是最重要的，因为我可以轻松做到，我读过很多书，对自己的判断非常自信。但与之相对，我之前从没好好琢磨过广告是如何登上报纸的，一旦了解这个过程，我就发现自己非常不擅长其中的一个重要环节。预订版面当然不成问题，但这之后我不得不说服报纸的广告经理，尽管我们的版面很小（通常是6—8英寸[1]的单栏），但需要放在更显眼的位置，那通常是更大的广告才能占据的地方。我几乎无法做到这一点，这让安德烈难以置信，同时非常愤慨。我每次失败时，他几乎都会打电话给报社的人，告诉他下次必须给我们一个更好的位置来

---

1 1英寸约合2.54厘米，6—8英寸约为15.24—20.32厘米。

弥补这次可耻的失败，报社那可恶的家伙通常会连连称是，但又在私底下恳求我别让安德烈找他。他说如果给了我们那样的恩惠，会给自己带来麻烦。很快地，只要听到"广告"两个字，我就觉得恶心，但我依然持续好几年戴着这副沉重的枷锁。这只能证明安德烈相信只要是自己想要的就是正确的，而且行使权力时非常简单粗暴。

我因为逃避了很多其他不愉快的事而感到内疚，因此会在广告工作中将功补过，对安德烈倒是大有裨益。但他确实拥有非凡的力量，看着他使用这种力量，我常常以为我正在见证一个病态骗子的成功秘诀，因为他确实能说服商人和政客支持他的疯狂冒险。骗子能成功当然得益于受害者的贪婪和轻信，但要是没有自我说服的"神奇"力量，他就无法取得如此大规模的成功。我曾经想，幸好安德烈天性正直，否则我们现在会身处何地？

我此时还认识到他的另一个特点，但相对来说就没这么有用，事实上，还成了他在人事管理方面的最大弱点。那就是，任何事情，只要别人的做法和他不同，他就认为不对甚至错得离谱；而任何事情哪怕做对了，仍不值一提。首先，我们确实经常做错，他的吹毛求疵也确实教会了我们很多，但一切顺利的时侯，他的无动于衷非常令人沮丧。希拉和我经常指出，赞美和善意能让人工作得更出色，也更快乐。他也承诺会改过自新，但其实从没改过。

与广告相关的工作经历，一度令我非常痛苦。从这一点看，我觉得自己对全新领域工作的投入可谓勇敢，因为我喜欢的只有需要使用铅笔、尺子和橡皮擦的部分，但其他工作尽管讨厌，我依然克服本性，坚持多年，很有毅力。

一如往常，安德烈总是严厉批评我，不仅批评我面对报纸广告经理时的软弱，还批评每个广告的措辞和行距。有一段时间，这些批评对我确实有所帮助；但后来，对于这项他强迫我做的无聊工作，他话里话外对我的糟糕评价，就开始对我产生了影响。所以尽管我很快就能亲眼看到我干得其实也没这么糟，但隐隐的内疚感逐渐嗡嗡作响，构成了我干这部分工作的基调。

有一段时间这种感觉似乎危及了一切，因为一旦安德烈的唠叨集中在某人身上，就会变得越来越强烈。而我这个人，有时对自己觉得不重要的细节很草率。例如，我可能会忘记（不会是在处理书籍的文本时，但在输入广告或书封的宣传语时很可能发生）使用单引号，或在引号内保留双引号（这是我们出版社的风格）。发生类似事情时，安德烈会表现出极端震惊："如果在这么简单的事上我都无法信任你，我下周怎么去巴黎？你难道没有意识到，如果进入了校样阶段，纠正这个错误要付出什么代价吗？"……内疚的嗡嗡声逐渐变大，于是就产生了令人毛骨悚然的结果：人们的错误越犯越多。他的唠叨从我身上转走之后，我看到类似情况一遍遍发生在别人身上，这时，我开始将它想象成一个邪恶的、总在寻找受害者的小探照灯。它会以惊人的速度升级，让人开始害怕走进办公室。就算你知道正义真的站在自己这边，知道他只不过是在琐碎事情上大惊小怪，但这种大惊小怪有时近乎残酷，人们似乎受到了控制，完全无法为自己辩护，因为任何解释都像是对我们所投入的完美理想漠不关心。我至今仍能回忆起那随之而来的愤怒和内疚的混合所导致的神经支离破碎的感觉。

为了结束这令人不快的话题，我必须向后跳几个月，有一次他刚从巴黎的寻书之旅中回来，向我要他的车钥匙。"你什么意思？我没拿你的车钥匙啊。"他立刻爆发了:"我的天啊!你怎么回事!临走前我才给你的。你拿它干吗了?"我简直惊呆了,才短短的六天,我怎么会忘记这么重要的事呢?我挣扎着试图回想从他那里拿过钥匙的记忆,却无论如何一丝影子也想不起来。但他的信念是绝对的,我又充分意识到自己的缺点,所以我必须相信他给了我钥匙,我真担心自己会发疯。我痛苦地回了家,一整夜都在担心自己的大脑突然梗塞,第二天早上简直是爬着回到了办公室。

安德烈的车就停在外面,他坐在办公桌前,看起来很高兴。我颤抖着,问他怎么启动的车。"哦这个嘛……"他说,"车钥匙没在你这儿,我留给车库那个家伙了。"

这件事让我心中内疚的嗡嗡声永远沉默了。不久后,当他抱怨我用了这个而不是那个办法做某事时,我学会了无视这些不必要的大惊小怪,以及如果我真的犯了错,该如何阻止他的愤怒。其实也很简单,快速认错即可。"哦安德烈,我做的这件事真可怕,他们竟然在书的封底写'斯蒂芬斯'这个名字时错写了个 v,我完全没有注意到!""现在改正太晚了吗?""是的是的,错得离谱!"然后他就会说:"哦,

没事没事，还发生过更糟的事。你得去向斯蒂芬斯
道歉，以后记得找人给书封校样做校对。"于是一切
就结束了。只要我说出前面这几句话，就能将风从
他的帆上吹走，从此不再有被"探照灯"盯上的烦
恼。但接下来的五十年里，很少有人能完全不感觉
到痛苦，如果能，那先在艾伦·温盖特出版社，后
来在安德烈·多伊奇出版社的工作就会更加愉快了。

有时我会觉得描写时很难找到恰当的词语。任
何读到上述关于安德烈唠叨的人肯定都想不通，我
为什么还继续为他工作，但这只是众多线条里的一
条丝线而已。除了广告之外，我其实非常享受工作
的其他部分，至于安德烈……

想要总结他的活动并不容易。他读书，他找书，
他想出关于书的各种主意；几年来，他负责所有的
图书销售，所有图书版权的买卖；他购买纸张；他
和印刷工、装订工以及制金属板的工人打交道；他
做出关于图书推广的所有决定；他检查设计的每一
个细节；他检查文案、校对稿、重要信件；他安抚
银行、说服银行；他敦促供应商给我们前所未有的
信用额度；在我们无法支付账单时，他突然筹集来

资金；他用自己的"奥斯丁婴儿"车"阿吉"运书，这个名字是他根据车牌号上的字母 AGY 来命名的（我也这么命名自己的车）；如果需要发传单，他会亲自坐在地板上将它们塞进信封里，一直忙到午夜以后，总是比任何人都干得多；他的脉搏和我们的收支一起跳动，不再属于他的身体。他还是公司的记忆库，车钥匙事件只是个特例，一般而言他对细节的记忆力非常好，几乎令人恐惧。他如此迅速而彻底地了解自己所在的行业，并全身心投入，因此将他描述为发现了自己使命的人也毫不稀奇。从来没有人怀疑这家由他创建、由他经营的出版社，一旦他退出，一定不复存在。

独裁是有效的，这就是独裁容易被接受的原因，而如果从一开始，或多或少还能证明其公正性，人们就会怀着比对其他类型的政权更个人化的感激之情来接受独裁统治。安德烈的微型独裁因为以下原因尤其强大：他在为他工作的人们还一无所知时就学会了很多关于出版业的知识；他有一种罕见的才能，似乎天生就能毫不迟疑地将想法转化为行动；尽管他给我们的薪水很低，但他给自己的也同样微不足道，公司很小，我们都亲眼看到，我们没钱去做其他事；当他刻薄地砍价、争取折扣、追着逼我们关灯时，虽然也符合他的本性，但总体仍然（显然）是为了公司；而当他唠唠叨叨、大发雷霆，即使发的脾气与大家犯的错误相比严重不相称，也显然是为了公司着想。虽然对我们合理地解释错误所在，或亲切地激励我们避免犯错，可能更有效也更令人愉快，但他天生不是这样的人，只能说我们运气不好。我们只能忍受他的本来面目，总体而言，我们还挺愿意这么做的。尤其是希拉和我，我们是他最亲近的人，一直习惯于喜欢他，从没想过要用别的方式对待他。

因此，我们走到了这里，战争的压力和阴霾在身后逐渐消退，我们开始了一场愉快的冒险，由发起人的能量和能力支撑着，兴高采烈，即使一路颠簸，也从没想过要从马背上下来。

5

比起出版的第一批书，我更记得的是艾伦·温盖特出版社的第一个办公地点，因为那些书实在不够出色，让我有点脸红，包括如下四本：《通往波茨坦之路》，这是安德烈的匈牙利朋友贝拉·伊万伊写的评论同盟国欧洲计划的政治新闻，其论点显然没对任何人产生影响；《床》，是乔治·奥威尔[1]介绍给安德烈的作者雷金纳德·雷诺兹所写的关于人类睡眠习惯的无聊历史；《脂肪和身材》，一本关于节食的小书，写得倒是通情达理，但也不过是一本小册子而已，作者是即将成为泰勒勋爵的一位监狱长；第四本书我现在已经不记得了。安德烈只是抢到了碰巧漂过的无主手稿，因为战后的读者们如饥似渴，缺乏其他娱乐方式，所以尽管我们出版社一穷二白，但当时，几乎任何东西印出来都不会显得多愚蠢。

这背后还有个令人唏嘘的讽刺故事。安德烈还在尼科尔森和沃森出版社打工时，乔治·奥威尔向他们提交了《动物农场》的书稿，约翰·罗伯茨请安德烈先读一读。读完后，安德烈说这书很棒，但罗伯茨听到这本书的内容后说："胡说八道，小伙子，

1　乔治·奥威尔（George Orwell, 1903—1950），英国著名小说家、记者和社会评论家，代表作《动物农场》《一九八四》，都是20世纪经典著作。

现在可没人想拿乔大叔[1]取笑。"但安德烈决心帮助身无分文、谦虚得几乎如圣人般的奥威尔,于是将这本书推荐给了乔纳森·开普出版社。奥威尔接受了这个建议,开普也接受了这本书,但出于和罗伯茨相同的疑虑,他提出了一个条件:本书必须经过某种官方审查,以确保不被视为对战争结果的损害。审查结果如下:国王陛下的政府真诚地希望开普先生不要发表对苏联盟友如此尖锐的批评。于是开普先生照做了。

奥威尔非常绝望,他知道安德烈正筹集资金打算开办自己的出版社,于是问安德烈:"嘿,为什么你不出版我的书?用这本书给你打头炮?"一向野心勃勃的安德烈,此刻却对是否能按自己心意创立起出版社这件事尚无把握,更不想让自己喜欢且尊敬的人冒险,所以拒绝了他。后来《动物农场》越来越有名,他更为自己早期就认可了这本书却没让奥威尔冒险交给自己出版而自豪,且从未因错失这难能可贵的珍品而抱怨,这说明了他天生的适应能力。

第一本由我决定出版的书现在还在我书架上放着,这也让我意想不到。当时安德烈通过在巴黎的

---

1 指乔瑟夫·斯大林。

匈牙利朋友结识了法国文学界的几个人，其中就有杰拉德·霍普金斯[1]。霍普金斯建议他看看一位名叫诺埃尔·德沃克斯[2]的作家写的东西，于是安德烈从巴黎带回了《裁缝的蛋糕》，这是一本包含七个故事的小册子，就扔在桌子上属于我的那个角落。他不懂法语，而我，尽管因为没有和法国人待过，所以对说法语没什么信心，但我从小就学过，几乎可以像读英语一样轻松阅读。所以决定权在我。

这让我产生了一种严肃的责任感。我犹豫了一段时间，后来越来越为之着迷。书里写了几个超现实的故事，其中的人物会假定你比实际更了解他们，这些人物穿行于陌生之地，如某个远离大海的繁忙海港，或某个当地人都垂垂老矣、除了愚蠢的笑声外不发一言的村庄，旅行者夜不成眠，第二天一早却发现这个地方已消失不见。故事中的一切，都被以一丝不苟的精准和清醒描述了出来，赋予故事一种在梦境中浓缩现实的感觉。也许可以称之为寓言

1　杰拉德·霍普金斯（Gerard Hopkins，1892—1961），英国著名的法语翻译家。

2　诺埃尔·德沃克斯（Noel Devaulx，1905—1995），真名为 René Forgeot，法国小说家，小说集《裁缝的蛋糕》（*The Tailor's Cake*）于 1946 年出版。

吧，但寓意何在？我唯一可以确定的是，作者对这些故事深信不疑，否则他无法以这样的方式描写。

我后来很快会发现，这样的幻想是浪费时间，好在浪费的是我的时间，但当时，除了很喜欢这种清醒精准的风格外，我还感受到一种神秘的牵引："我无法理解这个，这超出我的理解范围，或许反而非常特别。"这种因为抓不住重点而产生的惯常反应有一种感人的谦逊，但没有什么意义——或者说，这是我现在的看法——因为这是一种对智慧的背叛，这种背叛允许大量垃圾伪装成艺术。这个发现到底有多重要是另一个问题了，但在我自己的出版生涯中，我认为这一点确实很重要，因此我很高兴地说，1946年出版的由贝蒂·阿斯奎斯进行精美翻译的《裁缝的蛋糕》，是我唯一一次臣服于这种神秘的魅力。

这家出版社还有一个有趣的地方，就是在那些书籍短缺的日子里，即便我们找到一本明显比这本故事书更卖不出去的小说，只要我宣布这书不错，我们就会立刻不假思索地发行。那些书倒不至于成为可怕的失败——考虑到我还有一定责任感，安德烈又这么喜欢找茬，如果那些书失败了，我肯定记得。想到我们在曾经那些不必自问后来必须问的

"这本书在商业上是否可行?"的快乐奢华的时日里竟然不懂珍惜,还真是令人伤感。

在温盖特出版社,我是安德烈的雇员,不是合伙人。我对一本书的看法可能会、也可能不会影响他的决定,如果他不征求我的意见就接受了某本书,我也会毫无疑问地接受,无论我喜欢与否,都必须为之工作。我通常的态度是"他肯定最了解情况",这一方面是因为我一直觉得与书本相关的工作属于比我更聪明、更认真的人,另一方面是我基于自己缺乏经验所进行的现实评估,除此之外还有一点,此刻意识到这点令我感到震惊,我发现还是我天生懒惰的老毛病所致——我觉得只要我们的好书够多,他带来什么书都并不重要。

他拿来的第一本书属于严肃到几乎令人肃然起敬的类型,这是战后书荒的结果,大家都觉得重印经典很有必要,比如维庸[1]和海涅[2]等。安德烈遇到一

---

[1] 弗朗索瓦·维庸(François Villon,约 1431–1463),法国文艺复兴时代的诗人、文学家,代表作《大遗嘱集》《小遗嘱集》。

[2] 海因里希·海涅(Heinrich Heine,1797—1856),德国抒情诗人、散文家,代表作《德国,一个冬天的童话》。

个叫比尔·斯特林的人，自认为有能力翻译欧洲所有主要诗人的诗歌。尽管这目标实在有点过于远大，但他确实翻译过前述两位诗人的诗集，还以好看的双语卷形式呈现，我们自然对此感到满意。我们还发行了由菲莉丝·班特利[1]编辑的勃朗特姐妹的小说和一部不错版本的诗集，菲莉丝写的引言与当代勃朗特研究相得益彰，还包含了一些她们少年时期的重要事件，这在英语版本中还是首次。

我们的头两本"摇钱树"和前述几本完全不同，这两本彼此也很迥异。第一本是乔治·麦克斯[2]的《怎样当外国人》，安德烈曾经与乔治的弟弟一起在布达佩斯上过学，在当年的惊鸿一瞥里，他就觉得乔治是个风度翩翩的大人，后来他们作为流亡者再度在伦敦相遇，发现彼此的过往岁月有过交融，于是成了朋友。乔治的这本关于外国人在英国的讽刺小

1　菲莉丝·班特利（Phyllis Bentley，1894—1977），英国小说家，代表作《继承》（Inheritance），是继托马斯·哈代之后第一位成功的英国地方小说家。

2　乔治·麦克斯（George Mikes，1912—1987），出生于匈牙利的英国记者、幽默小说家，代表作《怎样当外国人》（How to be an Alien）在 20 世纪非常畅销，发行超 30 万册，讲述了一位匈牙利移民对英国社会的洞察，配有英国插画家尼克·本特利（Nichlas Bentley，1907—1978）绘制的 12 幅插图。

书取得了非凡的成功，其国外版权似乎也销售得不错，到现在还在重印，成了乔治幽默作家生涯的基石，也保证了他直到1990年去世前的安逸生活。这本书还给我们带来了尼克·本特利，他后来将成为安德烈·多伊奇出版社成立时的合伙人。一本书很薄就需要很多插图来增加分量，而一个不知名的外国作者，则需要在扉页加上一个熟悉的英国名字才行。安德烈为此费了一番力气，说服尼克为《怎样当外国人》画了12幅插图，他永远不会忘记，尼克对是否与这两个反复无常的中欧人结盟一直拿不准，所以要求拿100英镑的一次性稿费，而不是拿版税的一部分。当安德烈拒绝让步时，尼克差点不干了。我不知道尼克最终从这12幅画中获利多少，但肯定超过了10000英镑。尼克和他的妻子芭芭拉很快就成了安德烈的亲密朋友。安德烈创办温盖特后不久，芭芭拉就成了他最爱的朋友，他一辈子都忠诚于她。

作为"摇钱树"第二位的是《读者文摘[1]精粹》，这是安德烈从纽约带回的第一批重要战利品。他一眼就看出了自己一年一度的美国购物之旅的重要性，

---

1 《读者文摘》(*The Reader's Digest*)，1922年于美国创刊，是当前世界上最畅销的杂志之一。

并以惊人的速度在那里建立起了良好的关系网。他知道自己很难说服奥黛丽和我，让我们相信这个项目不会让我们丢脸一辈子，因此根本懒得尝试，只是宣布既成事实，告诉我们必须跟进。我们确实叫苦不迭，畏缩不前，我比奥黛丽尤甚，因为我还必须校对、写简介。《读者文摘》的风格现在可能已经变了，但自从那次深入体验后，我就再也没有读过。总之，在20世纪40年代末时，它的核心内容可以通过以下小故事来概述：一个人面临选择——做某些不诚实的事可以发财，或拒绝做不诚实的事却要贫穷，基于道德，他选择了贫穷，随后，会发生一个与此选择相关的意外事件，让他获得比不诚实行为原本能获得的更多财富。现在回想起来，既然我一开始就对它皱眉，那么为了尊严，我现在至少应该继续表示反对，但实际上，这本书获得了巨大成功，很多人似乎都认为我们聪明地把握住了机会，所以从结果来说，我承认对它非常满意。

在那个遥远的年代，还有另外两本对我的学徒生涯很重要的书。一本是对现代建筑发展阶段进行的严肃技术描述，让我发现了编辑过程中可能随之而来的别样乐趣，即能让我了解到很多自己并不熟悉的领域，若不是因为编书，我大概永远都不会接触这些领域。另一本是关于塔希提岛[1]的发现，这本书让我从此了解了自己工作的本质。

这是一个不会写作的人写的书。仅仅因为碰巧被这个主题迷住，他就笨拙而费力地在纸上堆砌了很多字。除了如饥似渴的年轻出版商，没人愿意仔细读他的稿子，但我读完后，发现此人其实对一件重大而非凡的事件了如指掌，这本书只要可读，就会成为我们书单里令人尊敬的有益补充。

当时，安德烈刚巧遇到了一位温文尔雅的老人，才从太平洋英国前哨的管理岗位退休，希望自己能偶尔做一做文学相关的工作来打发时间。于是我们把这两个人牵线到了一起，作者同意付给这位"某某爵士"一笔合理的费用做帮他编书的酬劳。于是这位"爵士"将稿子拿走，编了三个月，将书稿和账单一起寄给了作者，那可怜的家伙立刻付了钱，然后将已经"完成"的书稿转给了我们。那一刻我才沮丧地发现，懒惰的某某老先生估计在大约六页后就开始觉得无聊，从那儿开始几乎什么也没干，

---

1 塔希提岛（Tahiti），又译"大溪地"，是法属波利尼西亚向风群岛中的最大岛屿，位于南太平洋。

所以，这本书仍然达不到可以阅读的质量。我们只能要么将其退还作者，同时支付之前说好的费用，要么由我亲自编辑。而当时，我们急缺非虚构类作品，所以我便亲自上阵了。

这份稿子即便不能说每一句，至少也是每一段我都修改过，还经常不得不重新打字，再逐章发给作者，请他同意——尽管他是个天生爱发牢骚的人，通常倒也会同意。我其实很享受这份工作，这就像从一个形状笨拙的包裹中取出一层层皱巴巴的棕色包装纸，然后慢慢将里面的漂亮礼物展示出来，这一过程远比编辑有能力的作家作品时所做的小修小补更令人有成就感。这本书出版后不久，《泰晤士报文学副刊》就对其进行了评论，说这是一本出色的书籍，学术性强、充满了迷人的细节，文字也非常漂亮。作者立即将这篇评论的剪报订在一张笺上给我寄了过来。"这人还真不错，"我心想，"他一定想对我说谢谢！"但他实际上写的是："请看看关于文字的评论，这证明了我一直以来持有的想法，之前那些大惊小怪都毫无必要。"我笑够了以后，就接受了这个信息：编辑永远不要期待感谢（偶尔收到时，应该将其视为意外的收获）。必须永远记住，我们只是"助产士";如果想要听赞美,就得自己去生孩子。

艾伦·温盖特出版社历史上最重要的一本书是诺曼·梅勒[1]的第一部小说《裸者与死者》,这本书是一位绝望的文学经纪人带来的,因为尽管它已经在大西洋彼岸引发了狂潮(就是当时那种总是神秘地先在美国引起轰动的书),但伦敦的六家大型出版商都将其拒之门外。那时我们的书单已经逐渐充实起来,销售也蒸蒸日上,但仍然不过是个小机构,无法成为手拿一本好书的经纪人的第一选择,要不是他们觉得不会有别的出版社出价,我们甚至不会成为"第七选择"。

这是一部战争小说,其中所有士兵角色都在太平洋战场拥有地狱般的遭遇,梅勒本人曾在那里服役。他一心想要准确地传达这些士兵的天性及经历,所以自然希望将小说中的男人们描述得真实,这就意味着一定且经常需要使用"fuck"和"fucking"这

---

1 诺曼·梅勒(Norman Mailer,1923—2007),美国著名作家,国际笔会美国分会主席,两获普利策奖的文坛鬼才和数届诺贝尔文学奖热门候选人。《裸者与死者》是他的成名作。

两个词。他的美国出版商曾告诉过他，他们知道这是本好书，但要是将这个词直接印刷出来，不论是他们还是其他人都不会出版的（似乎还真是这么回事）。我相信曾经有人建议使用"f—"来代替这个词，但这两个词出现的频率实在太频繁，这么代替的话，整个对话看起来就像一张渔网，所以后来大家一致同意用"fug"和"fugging"来代替。

可能有人会说，相对于因语言淫秽而拒绝本书的六家英国出版商，接受这种解决方案的美国出版商更可笑。考虑到他们的逻辑前提，既然"fuck"因淫秽而无法印刷，那么另一个听起来差不多，含义也差不多的词，又有什么不同？我觉得，没有比这件事更能清楚地证明在文字上设置禁忌的愚蠢。

我们当然直接就扑了上去。从我上次重读这本书，已经过去很多年了，现在大部分内容在我脑中都有点模糊不清了，但我仍然对其中一段描写记忆深刻，那是关于疲惫不堪的士兵在深深的泥沼中挣扎着举枪的段落，这让我想到我当时觉得这本书好是正确的，因为这是一本真正扩展了我想象力的书。我们本来想恢复书里的"fuck"，但终究不敢，事实证明，"不敢"是对的。

这本书出版前大约三个星期，校阅版送到了媒体那边，《星期日泰晤士报》的文学编辑将这摞书放进办公室后就没再理会了。该报的主编是一位即将退休的老头，他慢悠悠地走进来，碰巧看到这书，就翻开读了起来，结果映入眼帘的第一个词就是"fug"，然后又是"fug"，接着还是"fug"。到了周日，该报的头版上出现了主编亲自撰写的简短而愤怒的抗议文章，强烈反对出版这本卑鄙的书，他的原话是"任何正派人士都不可能将这本书放在女人或孩子会看到的地方"。

和往常一样，我星期天起得很晚，所以清晨八点半被门铃惊醒时，我非常恼火。只见安德烈胡子拉碴地站在门口，睡衣外面套了条长裤和一件雨衣，手里拿着一份《星期日泰晤士报》。

"快读读这个！"

"我的天啊！"

我和他一样惊慌失措。书已经印好、装订好，第一次印量还不小，这本书很厚，成本不低……我们出版社刚刚逆风起航，如果这本书被禁了，我们就完了。

"快穿上衣服，"安德烈说，"我们必须赶紧给德斯蒙德·麦卡锡[1]送一本样书，我有他的地址。"

麦卡锡是当时最有影响力的评论家。我们草草写了一张便条，恳求他立即阅读这本书，并公开表示这本书并不淫秽，然后我们立刻动身，开着安德烈的车"阿吉"，将这张便条塞进了麦卡锡家的信箱里。我们觉得，要是坚持在周日这么早拜访他，可能反而会让他感到抵触。现在回想起来，跑这一趟的主要价值只是在于，在这种伤脑筋的情况下我们必须做点什么，而麦卡锡后来的回应，一定并未超越礼貌客气的范畴，否则我是不会忘记的。

第二天早上，订单蜂拥而至，我们这才意识到，说不定我们并没有走向灾难，很可能反而是一种胜利。与此同时，我们收到了禁止出版《裸者与死者》的禁令，后来总检察长哈特利·肖克罗斯爵士考虑了此案后，又给我们开了绿灯。禁令是那个花了一上午时间盘问我们所有人的、表面上和蔼可亲的大个子警探拿给我们的，或者是单独发来的，我也记不清了。

接下来的两三个星期，订单的洪流差点淹没了

1　德斯蒙德·麦卡锡（Desmond MacCarthy, 1877—1952），英国作家，重要的文学和戏剧评论家，曾在《星期日泰晤士报》长期发表文学评论。

我们，因为供不应求，我们万分焦虑，但周围所有人都鼓励我们，让我们相信，似乎相对于是场灾难，这很可能更算是获得了成功。最后，安德烈说服了他的一位议员熟人，在下议院提出了一个关于这本书命运的议题：直接询问总检察长，是否会禁止发行本书？答案是否定的，肖克罗斯说他认为这本书很糟，但他不会禁止发行。所以我们现在没问题了，或者说有问题了，因为讽刺的是，现在财务问题令人担忧——我们已经快没钱去重印了。

从这次冒险中，我们收获的不仅是一本畅销的好小说，更重要的是，诺曼·梅勒从此出现在我们的作者库中。一夜之间，我们开始被视为一家勇敢而有冲劲的小型出版社，值得手里掌握着有趣新作家资源的经纪人认真关注，安德烈访问纽约时受到的欢迎也开始变得更加热烈。

6

在外界看来，艾伦·温盖特出版社的表现令人印象深刻。我们出的书越来越有趣，即使在持续不断的纸张配给限制之下，我们也能很好地、甚至保持优雅地出书。但纸张的质量真的很差，并且对空白页的使用也有各种规定，使得战后想要好好排版简直成了挑战。按照当时家庭手工业的标准，我们在销售方面的表现也不错。安德烈在尼科尔森和沃森出版社时学到了很多关于书商和图书管理员（后者是我们小说的主要客户）的知识，也从来没有低估过与他们建立良好关系的重要性。他一遍遍地告诉我们，出版社的负责人愿意拜访书商并听取他们的意见是多么罕见、多么令人高兴的事。他自己也常常这么做，并随时准备直接与他们谈判，例如，如果对方订购过多，他会亲自退回多订的册数，而不是将类似事情留给销售代表处理。当然，他最初这么做是因为我们没有销售代表，连销售部门也没有，但这种态度贯穿了他的整个职业生涯。所以我们的乙方总是很喜欢他，这一点，对我们这样的公司至关重要。因为一般出版社库存里的必备书籍，如参考文献、操作指南类图书以及更休闲华丽的娱乐类书籍，我们出版社都很缺乏。

然而，从内部看，我们却摇摇欲坠。那些说只投入 3000 英镑根本别想开一家出版社的老鸟是对的。

我们总是没钱。

无法支付账单曾给我带来一种空虚和恶心相混合的可怕感觉，我觉得可怜的考夫曼先生——这个在这些本应躲得开的灾难中绝望地保持平衡的人——也有同感。但另一方面，对安德烈来说，这些危机却似乎令人振奋，主要是因为他不会觉得"我付不起账单"，只会觉得"这些愚蠢的印刷商和装订商正在阻挠我出版这个世界真正需要的重要书籍，而我，最后一定会赚得盆满钵满来支付所有费用，而且还会有富余"。因此，尽管他确实意识到自己必须筹集更多资金，却从未软弱，正好相反，他还受到了启发。危机来临之际，我们从来没见过任何人想投资一家陷入困境的新出版社，但安德烈总能在几天之内就找出这样的人。我自己应对恐慌的方法是将它推到一边，冷酷地专注于自己眼皮底下的工作，比如阅读手稿、设计广告或其他什么。所以，我并没有满怀好奇地紧跟他的脚步让银行账户增值，我只是紧紧地闭上双眼，等下次再睁开眼时，眼前就会出现得意扬扬的安德烈，还带着一位新董事。这种情况一共发生了五次。

然而，在安德烈高超的求生技能里，有一个很可爱但会导致不便的弱点。他最初来英国是因为他喜欢"来英国"这个想法，还在布达佩斯读书的时候，除了拉丁语，他必须从德语和英语中再选修一门语言，因为受到一位自己爱戴和敬仰的叔叔的影响，他毫不犹豫地选择了英语，随后就发现很合自己的意。他当时选读的书一定非常奇怪，因为这些书给他留下了关于英国的"浪漫"印象，比如英国人以诚实可靠著称，主要都是些英国绅士，虽稍显滑稽但相当有魅力。我敢肯定，他四处撒网找人为他的出版社投资时，如果网住的是匈牙利同胞，他必会坚持与他们签订一份完整的商业合同；但他每次网住的都是英国人，浑身散发着祈祷必会回应之光辉的英国人，因为观者的先入之见，这光辉还辐射出一圈粉红色的晕轮。所以，尽管到现在我仍然难以相信，但情况确实如此，安德烈和这五个及时雨之间，每次都仅有一份"君子协议"。你甚至不能说它不值写它的那张纸，因为根本就没有纸的存在。

在这之前，我们已经失去了奥黛丽，因为安德烈无法容忍她的丈夫罗纳德。她最初投资，就是想为罗纳德从军队复员回家时准备一份工作，于是我们开业几个月之后，罗纳德就加入了出版社，担任销售经理。他看上去是个温和、平静的人，一个倾听者而非倾诉者，我不知道他以前的职业是什么，但他离开我们之后，接受培训成了一位正骨医生并取得了事业成功。他身上没有丝毫商人的味道，当然更不可能是销售人员了。

我们之前谁都没见过他，所以严格来讲，并不能以此证明安德烈有识人之明。安德烈的问题与他对员工不耐烦和处理笨拙有关，而这两者又都源于他对除自己之外的任何人的观点都绝对不感兴趣。情况很快就变得明显，不管出版社需要什么样的人，无论是干劲十足的销售经理，还是一丝不苟的审稿人，只要有人在他需要人的时候接近他，他就会让那人去干，并不耐烦地驳回任何反对意见。他就像是想把无数方钉子塞进圆孔里，当他愤怒地发现这些可怜的钉子们的本来面目并试图扭转或取出来时，所引起的情感磨损和撕裂，现在回忆起来还令人筋疲力尽。但罗纳德的情况，更多属于运气不好，而非判断力差——运气不好，特别是对罗纳德而言，他头三周并没有和我们一起工作的经验，然后就被无助地钉在那个令人震惊的小探照灯面前，被指责一件事也没干对，于是导致他犯越来越多的错。

希拉和我，既爱奥黛丽又爱罗纳德，一直试图表明立场，尽我们所能去争辩和说服，却徒劳无功。我还记得罗纳德犯的一个错是应对方的要求支付了账单，但换了我也会那么做吧。"那个笨蛋！他难道不懂还可以赊账吗！""但你不能这样对人大吼大叫，你之前向他解释过可以赊账三十天吗？他怎么会知道？他之前从来没做过这种事啊！""我不需要你向我说明这些！"

罗纳德不适合这份工作，他和奥黛丽决定拿钱走人，别无他法，而我们，因为喜欢和钦佩安德烈而一直忍受着他的某些问题，但现在，我们也明显被这些问题弄得不自在了。

然后就发生了那五个"及时雨"的奇迹，将我们再次凝聚在一起。他们都惊人地差劲，我们不联合起来简直无法对付。虽然他们中间最糟糕的那个我们及时摆脱了，上帝保佑，他来找的是我而不是安德烈。这人是我童年时一位迷人的老朋友，娶了个非常富有的女人，突然写信给我说如果我们能给他一个合适的职位，他将很乐意给我们大量投资。安德烈知道后激动得浑身发抖，但被邀请吃午饭的是我，因此我的老朋友下面这番话也是对我说的："好吧，亲爱的，我做这件事主要是想让自己在午饭前有点事情可做，否则我每天都会喝得醉醺醺的。"我经常想，如果是安德烈听到了，该怎么才能将这句话从大脑里抹掉。

这五次奇迹中的一号、二号和三号很快就气馁了，于是四号和五号买断了其他三人的股份，拥有了比安德烈更多的股份，而安德烈又没有在任何纸片上写下关于自己权利的只言片语。剩下的两个人并不是骗子，他们也一直承认是安德烈创立了这家出版社，投入的精力也最多。如果再多点宽容和圆滑的处世手段，本来我们是可以再磨合一下的，但宽容和圆滑从来不是安德烈能运用自如的手段。

四号奇迹我称之为"伯弟"，因为他的外表和声音与 P. G. 伍德豪斯[1] 笔下的那个伯弟·伍斯特四十多岁时一模一样。他是一位品味平庸的著名文人之子，自己曾写过几本小说，但书中描述的昂贵跑车比任何人物都更形象鲜明（安德烈曾经说过，唯一

---

[1] P. G. 伍德豪斯（P. G. Wodehouse，1881—1975），20 世纪英国著名幽默作家，代表作《万能管家吉夫斯》系列，塑造了憨态可掬的倒霉蛋少爷伯弟·伍斯特与足智多谋的男仆吉夫斯的经典形象。

能让伯弟勃起的是拉贡达车）。他不仅缺乏商业头脑，还缺乏常识，事实上，除非有人紧盯着他，否则他日常所干的一切工作都一塌糊涂。每当这种时候我就会把他干的活儿拿走，然后悄悄重做，这自然激怒了他，安德烈则会以一种令人震惊的羞辱方式攻击他。

五号奇迹我叫他"罗杰"，他曾在出版社工作多年，但那是一家老式出版社，专攻建筑和英国乡村方面的书籍，不需要花费太多精力。他了解这门生意的语言，这相当重要，但他不愿出门，而且经常喝醉（是在午饭后，而不是午饭前，这点不像我的老朋友）。他偶尔会带着瘀青的眼睛走进公司，那是被选择不当的男性友人粗暴对待的结果，有很多下午他都是流着泪度过的。罗杰最后自杀了。但当时，我以一个对他只有肤浅了解的熟人角度，在他身上只看到了愚蠢，却不知道他同时也很伤心。也许他以为在宿醉之间，自己还可以轻松工作，关注一下有关18世纪的中国风或草莓山庄哥特式建筑的优雅书籍，但他从未签下任何此类作品，也没为我们的存货做出任何贡献，所以罗杰也受到了安德烈的冷遇。而且，和伯弟一样，他越感到自己被视为无能的笨蛋，就越强调现在是他们，而不是安德烈，掌握着艾伦·温盖特出版社的财务控制权。

在前后一两年的时间里，这种错位的灾难性后果开始冒泡、沸腾，起初还无需任何外人干预，后来就有律师进门了。之后，我们搬到了哈罗德附近更宽敞的办公室，拥有了销售部门和印制部门（只是我依然干着可恶的广告工作，到现在都还没人负责宣传）。尽管存在危机，我们每年仍然大约能出版五十本书，其中大部分还是有利可图的，如果伯弟和罗杰可以不出现又让我们继续花他们的钱，我们一定会非常开心。在一切进展如此顺利的情况下，安德烈似乎不太可能被这两个傻瓜从自己创立的出版社赶下台……但他听到的专家建议越多，就越清楚这种事情迟早会发生。因为他没有合法的立足点，他的律师最多能从伯弟和罗杰那里争取到一个"慷慨"的姿态，让他离开时能带走些烹饪书和三四本其他不重要的书籍（他和我已经一致同意，一旦必须面对现实，只能再创办一家出版社，别无他法）。

然而，此时有一本书即将交付，就是弗朗茨·冯·巴本的回忆录，有关这本书还有些决定尚需做出。我在书籍目录里是这么描述这本书的：

弗朗茨·冯·巴本的经历忠实地反映了他的祖国半个世纪以来的命运。还是个男孩时，他就在德皇的宫廷做侍从，见证了帝国的传统盛况。到了七十多岁，虽然被纽伦堡法庭免除了战争罪，却又被自己的同胞判处监禁，至此，他经历了彻底的失败。在这两种极端命运之间，他始终处于德国历史事件的中心，他所保持的平衡究竟是出于清醒的头脑还是矛盾的良心，仍然值得猜想。

他对自己的职业生涯及与之密切相关的重大事件的解释非常重要。他描述了自己从 1913 年到 1915 年在美国担任武官的经历；他从"另一边"的角度讲述了艾伦比[1]在中东的竞选活动；他同时以自己更为人熟知的国会议员和帝国总理的双重角度分析了魏玛共和国的衰落。关于作为副总理与希特勒合作、在德奥合并之前针对奥地利的任务，以及在上次战争期间被任命为驻安卡拉大使的职责，他都详尽无遗地予以披露。他没有回避自己职业生涯里的核心谜团，

---

1 埃德蒙·艾伦比（Edmund Allenby, 1861—1936），"一战"期间英国陆军统帅，驻埃及最后一任行政长官。

如他在马尔堡演讲[1]中公开批评纳粹后，又接受了纳粹统治下的更高职责，在罗姆政变[2]期间同事被谋杀，以及被软禁在家中的经历。

这是一本非常有趣的书，既是从德国角度对近代历史的评论，也是一份个人记录。

现在我还想补充的是，没有经历过第二次世界大战的人无法想象，在战后不久，能听到"**那些参与者**"之一说话是多么有吸引力的一件事。

这本书是安德烈说服老人写的，安德烈曾在出版《西塞罗行动》时拜访过他，那本书讲的是英国驻安卡拉大使的一个贴身仆人的故事，这个仆人在战争结束时厚颜无耻地向德国人提供了大使保险柜里的材料。而当时冯·巴本站在我们的对立面，似乎处于能证实"西塞罗故事"的位置，乍一看有点令人难以置信，但他确实做到了。因此，安德烈很可能曾就此写信给他，但更有可能是在他们见面时

1　马尔堡演讲，1933 年 6 月 17 日，巴本在马尔堡菲普斯大学发表演说，要求纳粹党停止街头暴力。

2　又称"长刀之夜"，是发生在纳粹德国 1934 年 6 月 30 日至 7 月 2 日的清算行动，纳粹政权进行了一系列的政治处决，在此行动中，希特勒派遣党卫队搜查巴本的办公室，将他的两名同事枪杀。

谈成了有关撰写回忆录的意向。闪电般地冲去安卡拉，捕捉到现实生活里的"西塞罗故事"已经是安德烈引人注目的成就之一，而用这本书引出了一个更重要的项目，则更加证明了他的能量。

严格来讲，他搞到的这本回忆录在写作完成后属于艾伦·温盖特出版社，但即使是律师也认为安德烈享有书的著作权中的人身权，伯弟和罗杰却不愿意承认这一点。争论非常激烈，他们最终接受了律师在周五（安德烈和我在出版社工作的最后一天）提出的建议：将冯·巴本的问题"搁置"并推迟到下周二，等大家都冷静下来以后，再召开决定性会议讨论。

到了星期天，我在安德烈家吃午餐，讨论下一步行动，这时电话响了，我听到安德烈转而说德语，突然意识到冯·巴本在电话那头。冯·巴本问，刚才有人给他打电话说，安德烈已经被艾伦·温盖特出版社解雇了？为什么会被开除？到底发生了什么？

安德烈一向反应很快，但从来也没有快过那一刻。这通电话来得完全出人意料，他要面对的情况也不简单，他被伯弟和罗杰这突如其来、偷偷摸摸的举动气得发抖，但尽管如此，不到十分钟，他就用正确的语气，完整清晰地解释了所发生的情况。挂断电话时，冯·巴本向他保证，在任何情况下，艾伦·温盖特出版社都不会看到他的手稿，只要安德烈一创办新出版社，这份手稿就立刻属于他。看到这对愚蠢的英国绅士搬起石头正好砸在了自己脚上，这事儿到现在仍然是我职业生涯中最大的满足之一。

这次事件也为安德烈的新出版社奠定了坚实的基础，而我将成为该出版社的董事。安德烈很快就以30000英镑这个现在看来不值一提，但当时令人生畏的高价将冯·巴本回忆录的连载权卖给了一家名为《人民报》的周日报纸。

7

1952年，关于新出版社有两件事从一开始就很明确：首先它将被命名为安德烈·多伊奇出版社，其次是安德烈将是这家出版社的绝对老板。还会有其他股东，包括尼克·本特利和我在内的八名股东，将担任执行董事，但每个人持有的股份有限，因此即使其中一人买断了其余所有股份，也无法获得控制权。安德烈借了一笔需要很快偿还的贷款以确保这个令人满意的计划得以实现，而冯·巴本的连载交易则让我们立即进入了盈利状态。

我用教母给我的 350 英镑投资，这是获得董事席位所需的最低投资额。和尼克一样，我是为了这份工作而参与投资的，其他股东参与其中则是为了对安德烈表示友好，并非为了商业投机，不过最后大家都将获得尽管微薄但还算得体的收益。这是一个明智而愉快的安排，也是继艾伦·温盖特出版社事件之后的一种深刻解脱，令人欣慰的是，安德烈离开大约五年后，那个出版社就无疾而终了。

五年的温盖特出版社经历，给我们带来了图书制作和零售方面的朋友，我们在经纪人中声誉良好，还积累了许多有用的经验。因此，这几乎不像开一家新出版社，更像是在改善条件下继续经营旧公司，我们现在相当于拥有了伯弟和罗杰的钱，又不需要他们出现，梦想成真。真是太令人愉快了，这种情况可能会放松某些人的道德准绳，但肯定不会是我们。也许我们从温盖特出版社获得的最大收获是贫穷塑造出来的性格吧。安德烈总是小心翼翼，而那些在温盖特和他一起工作过的人，看到他的态度是生存必需，自然也进入这种状态，即便像我这样天生就倾向于挥霍的人也是如此。从那时起，我就经常觉得，人们用足够的、更别说太过充裕的钱来创业其实并不好，要是从来没有被迫锱铢必较过，就很难学会正确周密地安排金钱。

即使我们一直渴望放松，却从不会被允许，因为安德烈觉得这是一种危险信号。他的应对之道是，对我们描绘未来四十年令人毛骨悚然的悲观前景。无论我们做得多好，只要有某项支出流露出略受欢迎的丝毫迹象，比如重新装修了接待区、某本书中用了 32 页而不是 16 页插图、给某人涨了工资（上帝保佑这样的事没发生），就会立刻引发一阵令人震惊的质疑，就好像这种轻率的疏忽会给我们带来迫在眉睫的灾难。尽管我们常常抱怨这种节俭，但事实上，直到 1985 年他出售出版社为止，除了对所有小型出版社而言都极其艰难的最后五年，我们每年都在持续盈利。但要是他对我们的费用控制没这么严厉，根本不可能达成这个结果。

我们连续三年都租住在位于色雅街一个医生的三层楼房的上面两层。那些日子非常快乐，但我们仍然有点业余，像样的出版社会在浴缸上放一块木板来代替包装凳吗？像样的编辑和销售经理会挤在同一间小办公室里办公吗？尽管如此，在大家的努力下，我们终于在 1956 年买下了德里克·弗斯科伊尔的出版社，并搬进了其位于苏荷区卡莱尔街十四号的办公场所。

德里克·弗斯科伊尔是个放荡不羁的家伙，人脉关系模糊，文学气息模糊，我最早是从我父亲那里听说他的。他曾担任过一段时间《旁观者》杂志的文学编辑，是个令人愉快的独特人物，我父亲就是在那段时间认识他的。从他办公室可以俯瞰杂志社背后高尔街的马厩房，他经常懒洋洋地把脚搁在办公桌上，用那把专门放在桌上的点 22 手枪从窗口射击流浪猫。他一定为自己创立出版社筹集了相当数量的资金，因为其资产包括这幢位置极佳房屋的永久产权，但没过多久，他就把钱花光了。我们从他那里，仅获得了两位真正有价值的作家，罗伊·富勒[1]，他的小说和诗歌在很长一段时间内为我们增光添彩；还有路德维格·贝梅尔曼斯[2]，他为孩子们写的"玛德琳系列"

1　罗伊·富勒（Roy Fuller，1912—1991），英国诗人、小说家，曾获英国女王诗歌金奖。
2　路德维格·贝梅尔曼斯（Ludwig Bemelmans，1898—1962），奥地利儿童文学作家、插画家，"玛德琳系列"是他最具代表性的作品，一共六本，曾两次获得凯迪克大奖，玛德琳也成为全世界家喻户晓的小女孩形象。

确实非常好。除此之外，我们还从他那里承袭了一本毫无意义的文集，让我们很有负担，名字叫《难忘的舞会》。这个书名简直叫人想掩嘴偷笑，我们在《星期日泰晤士报》的第一届书展上安排展位时，非常想把它扔掉，后来只好将这书堆到一个不起眼的角落，但为书展开幕的王太后，却立即注意到了这本书。她把它拿了起来，高兴地叫道："哦，多么诱人的书名！"安德烈后来说，他对此感到非常困惑，以至于向她行了个深深的屈膝礼，而不是鞠躬。

弗斯科伊尔正是安德烈命中注定要遇见的那种英国绅士，尽管在很长一段日子里，一些之前未公开的债务不断零零星星冒出来，他的裁缝和酒商还常常绝望地拿着账单走进来，令我们瞠目结舌。但他对我们并没有伤害，只有好处。安顿在他的房子里，我们已经不仅是"有希望的"，而是职业选手了。

除了两间布局良好的大房间之外，房子的其余部分从狭窄的正面向后散开，尽管分隔得杂乱无章，却很方便使用。安德烈理所当然占据了两个好房间中较好的一间，尼克·本特利占了另外一间，我则迅速占领了最小的一间，因为深知只有这间房在物理上不可能挤入第二张书桌，才能保证我不必和别人共享这个空间。如果我想争取尼克那间房，应该也会成功，尼克这个人太有礼貌，基本不会反击。但那样的话，安德烈肯定会认为这是个再塞两个人进来的机会，这两个人也肯定不会成为我的秘书，因为我根本就没有秘书。但对尼克，除了他和他的秘书之外，安德烈从没想过把其他人再塞进那间办公室。

尼克负责编辑我们的非虚构文学书，但并非全部，速度也不是很快。他对语法的正确性非常执着，所以每次当他对某篇散文的处理过于迂腐，或文字中出现了一个分裂不定式让他震惊不已，因此转移了对某些事实错误的注意力时，他经常不得不在事后手忙脚乱地收尾。如果有人说我比他更忙、更有用，我倒没觉得是对我的溢美之词，因为谈到商业意识，我和他几乎半斤八两，安德烈就经常抱怨，不过他这么开玩笑时倒也很享受。我当然注意到尼克享有这种特权是因为他的性别，我也注意到他的薪水比我高很多，但我的感觉更多是一种觉得有趣的听之任之，而较少抱怨。事实上，所有出版业都由许多收入微薄的女性和一些收入更高的男性经营着，女性当然能意识到这种不平衡，但她们似乎认为这理所当然。

曾经有年轻女性问过我是如何冷静接受这种状

况的，我想部分原因一定在于后天养成：在很大程度上，我所处的环境将我塑造成取悦男人的人，因此，很多与我同龄的女性一定记得，这种塑造的结果是，我们会以男性的目光来审视自我，或至少是部分自我，所以我们知道，如果我们变得自信，还以一种男人认为厌烦和荒谬的方式行事，后果会怎样。奇怪的是，如此一来，这些行为在我们自己眼中也会变得乏味可笑。即使到了现在，当我因为自己笨拙无能、无法表达正当的愤怒而落入痛苦的屈辱感时，我也宁愿转身走开，而不会冒着风险，拔高音调，脸色潮红地争辩什么。

但是，当然，人总是可以辞职不干的。我本来也可以轻松做到这一点，但我从未想过要离开。我怀疑是不是因为被洗了脑的女性虚荣心和缺乏自信相结合的结果，让我接受了这些我当时就知道的不公正对待，而那些我所钦佩的女性们，却已经开始积极面对了。

1998 年 1 月的某天，我在《独立报》上读到一篇关于男性和女性工作态度差异的最新"研究"（研究范围并不大也不怎么深入）。结论是人们发现男性更有可能追求职务晋升和加薪，而女性更可能追求自己喜欢的工作和做好工作的满足感。当勤劳的人们"发现"一些显而易见的事实时，我的第一反应往往是："这还用说！"但随之而来的是一种奇怪的、令人满意的认同感，因为这篇文章确实道出了我自己的经验。我不仅喜欢当编辑，还非常不喜欢被当作我本该被当作的"董事"对待。这是因为，正如我之前所解释的，我直到现在都一直抵触一种"责任感"，非常不愿意以任何我不喜欢的方式努力，而且，一思考金钱问题就觉得烦躁（当然花钱还是喜欢的）。因此，虽然安德烈确实利用我的天性占了我的便宜，忽视了我的感受，廉价使用了我，但就这份工作而言，还谈不上伤害了我的感情。

　　显然，并非所有女性都对地位和薪酬漠不关心，但我确实看到了不少和我同样喜欢工作却不怎么关注这些的人。我六七十年代的所有同事都对那些积极争取女性权利的人们非常钦佩并很有同感，但没有一个人作为活动家去参与。我们确实看到了不公正，但并没有感受到它带来的痛苦，因为我们正好在做自己想做的事。这是懒惰还是自私呢？是的，也许都有一点吧。但我不得不说，如果要为此事寻找内疚感（我是很容易内疚的人），我却发现自己并

不内疚。虽然这种后天的环境影响一定在我和朋友
们的这种惰性形成中起到一定作用，但我自己的经
历也表明，同样起作用的还有一种满足于当下的天
性。毕竟，也存在**某些**更关心工作中的感受而非报
酬及地位的男人，那么，为什么一个女人做了同样
的选择，就应该认为她被洗脑了呢？

8

在卡莱尔街的岁月充满了可能性。如今我们已
经在这个游戏里玩了足够长的时间，也知道收到的
大部分手稿会令我们失望，但仍然每天都兴奋地期
待着，在一年出版的七十多本书中，大量数字也证
明了这种期望的合理性。除了梅勒、里奇勒、摩尔
和富勒，我们很快又增加了特里·索泽恩、V. S. 奈
保尔、杰克·凯鲁亚克[1]、菲利普·罗斯[2]、梅维斯·加

---

1 杰克·凯鲁亚克（Jack Kerouac，1922—1969），美国"垮掉的一代"
作家的代表人物。主要作品有自传体小说《在路上》《达摩流浪者》等。
2 菲利普·罗斯（Philip Roth，1933—2018），美国著名作家，曾多次提
名诺贝尔文学奖，并获美国国家图书奖、福克纳小说奖、普利策文学
奖等重要奖项，代表作《美国牧歌》。

兰特、沃尔夫·曼科维茨、杰克·谢弗、简·里斯，还有诗人史蒂维·史密斯[1]、伊丽莎白·詹宁斯[2]、劳里·李[3]、彼得·莱维[4]、杰弗里·希尔，以及非虚构作家西蒙娜·德·波伏娃、佩吉·古根海姆、莎莉·贝尔弗拉奇、阿尔贝托·丹蒂·迪·皮拉伊诺、莱昂内尔·菲尔登、克莱尔·谢里丹、梅赛德斯·达科斯塔（直到现在，这些人名中，也不是每一个都能被人一眼认出，但这些杰出的人们确实写得都非常出色）。

时至今日，我认为自己确实可以算是个合格的编辑了，因此可以从自己的角度来描述一下这份工作。在很多出版社，策划编辑和文字编辑是区分开的，前者主要负责寻找作者并让他们开心，在写作过程中给他们鼓励，有时还负责引导他们走这条或那条路；后者则是那些更为谦逊但必不可少的书稿

1　史蒂维·史密斯（Stevie Smith，1902—1971），英国诗人、小说家，代表作为诗歌《不是挥手而是求救》（*Not Waving but Drowning*）。

2　伊丽莎白·詹宁斯（Elizabeth Jennings，1926—2001），英国当代著名女诗人。20世纪中期与菲利普·拉金、金斯利·艾米斯等诗人一道成为战后英国著名诗歌流派"运动派"主要成员。

3　劳里·李（Laurie Lee，1914—1997），英国诗人、小说家和编剧，代表作《罗西与苹果酒》（*Cider with Rosie*）非常畅销，在全球已售出超600万册。

4　彼得·莱维（Peter Levi，1931—2000），英国诗人、考古学家、旅行作家、评论家，曾在牛津大学担任诗歌教授。

整理者。在我们出版社，编辑需要同时负责这两份工作。到了 20 世纪 80 年代，我们才开始将书稿整理外包给独立的文字编辑，但我怀疑公司是否有任何编辑对这一变化感到高兴，因为我就不觉得开心。

必须为书籍所做的工作简单而耗时，有时甚至很无聊，而通常能让人抵御无聊的理由，就是喜欢这本书。编辑必须查看大写字母、连字符、斜体字和引号的使用是否符合出版社的风格并始终保持一致；必须检查拼写错误，如果出现了古怪的标点符号，要确定是否作者有意为之；必须注意粗心大意导致的问题，比如一位作者写着写着决定将角色的名字从"乔"改为"鲍勃"，而回过头去替换修改时，是否有遗漏？还必须找出事实方面的错误，冒着看起来犯傻的风险去询问那些有所怀疑的地方；如果作者引用了其他作家的作品或歌曲，则必须检查是否已获得许可——因为几乎可以肯定他没有，所以还必须为他获取许可；如果需要致谢清单、参考书目或索引，那还必须保证这些均已制作完毕；如果这本书需要插图，则必须去寻找插图，当然还必须决定它们的位置及图注说明，并查看这些插图是否已经付过款；如果书中有任何淫秽或可能涉及诽谤的内容，则必须将其提交给律师，然后说服作者按照律师的建议行事。

所有这些都是例行公事，甚至适用于最完美主义的作家的作品。而让这份工作变得有趣的，是需要对文本提出修改建议和讨论的时候。

编辑的干预范围可以很小——比如这里有个句子显得冗余或那里稍微不够清晰，但也可以大到几乎完全重写，就像我在关于塔希提岛的那本书中所做的那样，当然除了那本书，我也不记得曾做过其他那样大范围的重写。通常只会这样沟通："如果你把描述某某的段落移到文中他第一次出现的地方，会不会更好？"或："你能稍微扩展一下某某做那件事的动机吗？就目前而言，看起来太随意了。"我不记得有人对这些建议感到不满，当然尽管有时他们会有充分理由不同意，但大多数情况下，如果明显专心阅读的读者说的话有理，作者一般都会乐意遵从。因为作家们并不如想象中那般经常遇到真正细心的读者，而一旦遇到，他们会非常紧张，这就给了编辑们一个良好的开端。

我的规则是，这种修修补补不能太过，一本书必须听到的终究是作者的声音，而不是我的，即便这意味着保留一些我不太喜欢的东西。当然,我们出版社所有人的绝对原则是,未经作者同意,不得进行任何形式的修改。这两点,就是我认为我所秉持的基本规则。最理想的情况是收到的手稿无须更改,比如布莱恩·摩尔[1]、V. S. 奈保尔[2]和简·里斯,他们在这方面都非常出色;还有就是已经在美国出版过的书籍也不会有问题,因为所需的编辑工作在美国已经完成。另一方面,如果需要在书稿上修改,那么当书籍出版时,读起来必须像完全没做过任何加工一样,这通常只能靠与作者密切合作才能实现。

作者对干预的态度差异很大。我还从来没有遇到过对被指出的错误(无论是事实还是语法方面)除了表示感谢外什么都不说的作者。但涉及更改时,有些人会认真权衡每条建议的每个字词,许多人会欣然接受建议,也有些人会要求更多建议,还有极

---

1 布莱恩·摩尔(Brian Moore, 1921—1999),来自北爱尔兰的小说家、编剧,后移居加拿大,定居美国,因其小说中对"二战"期间和战后北爱尔兰生活的描写而广受赞誉。三次入围布克奖。

2 V. S. 奈保尔(V. S. Naipaul, 1932—2018),英国著名作家。生于特立尼达岛上一个印度移民家庭,1950年进入牛津大学攻读英国文学,毕业后迁居伦敦。2001年荣获诺贝尔文学奖,代表作《米格尔大街》。

少数人似乎并不是太在意如何修改。

例如，乔治·麦克斯的书通常就有很多工作要做。他是个懒散的人，是那种一旦外语水平流利到可以说出自己的想法，就不会再费心进一步学习正确表达方式的人。就算他的目标是自然随和的口语写作风格——他也确实如此，但他所写的句子里平均每三句就有一句需要调整。我编辑过他所写的十三本书，前两三本他还不嫌麻烦地读了读我修改的稿子，但渐渐地，他变得越来越不在意，到了最后三本，他连看都不看一眼，甚至我跟他说我在他的稿子里加了几个笑话，他也不看！我非常了解他，我很确定我让他的书看起来就像是他的英语提高到了他所能达到的最高水平后想要表达的样子。事实上，他对我的信任是正确的，但他的做法，我依然觉得有些震惊。

我最不喜欢编辑的是烹饪书。我们曾列过一个清单，结果有四十多个条目都是关于地方菜品或特定食材的使用说明，如米饭的做法、蘑菇的做法、酸奶的做法，等等。列这份清单是安德烈的灵感，他注意到，随着食品供给恢复正常，成千上万的英国中产阶级将不得不第一次亲手做饭。我因为对食物太不感兴趣，所以当时压根儿没有想到这个主意。在那些日子里，我的烹饪冒险就是将煮鸡蛋换成炒鸡蛋。然而，我是个女人，除了厨房，还能去哪儿？所以烹饪清单就变成了"我的任务"。

幸运的是，安德烈在晚宴上遇到了伊丽莎白·大卫[1]，并邀请她成为我们烹饪书的顾问。此后他的这个灵感就没有进一步发展了，她给我们干了一年左右，拯救了我。她很快就教会了我寻找真实性、避免噱头、体会对食物真正的欣赏如何能让一本书无需刻意营造"氛围"就变得诱人。不久我就明白，伊丽莎白之所以从未成为任何一本烹饪书的单一编辑，就是因为很多实用烹饪书都太过粗糙，无法通过她那相当有效的完美主义细筛。但她对烹饪艺术的尊重，对风味和质地优雅感性的反应，对我享受饮食和出版烹饪书籍方面的教育，至今我仍然心存感激。

没有比编辑烹饪书更费力的事儿了。你不能指望使用第 37 页或第 102 页食谱的厨师记得住第 21 页

---

1 伊丽莎白·大卫（Elizabeth David, 1913—1992），英国烹饪作家，20世纪中叶，她通过撰写有关英国及欧洲其他国家美食的文章和书籍，深刻影响了英国及欧洲其他国家家庭烹饪的复兴。

详细描述的烹饪程序，所以这个程序每次出现都必须完整描述；你也永远无法确定食谱开头列出的所有配料都会出现在烹饪程序的正确位置；你必须检查、检查、再检查。如果进入了自动工作状态，不去强迫自己想象手头正在操作这些程序，就一定会犯下骇人听闻的错误。哎，我就曾收到过厨师发来的愤怒信件，质问我："菜谱开头写的三个鸡蛋到底用到哪里去了？"我确实为我们的烹饪书感到自豪，也喜欢其中部分作者，但即便如此，烹饪书依然与广告并列，成为我最不喜欢的工作之一。

当我开始编辑烹饪书时，我应该从未见过关于优秀厨师的传统野蛮行为的描述。我一向认为，厨师们应该身材富态，脸色红润，笔下所写对他们显然是一种极大的感官享受，所以他们的个性也应该圆熟大方。因此当一家西区书店打算花一周时间推销烹饪书籍时，我们建议提供六名厨师，自带食物搞一个聚会，我期待着这个愉快的夜晚。这六个人迫不及待地加入了前期准备，每人需要带两道适合手抓的菜品，既有自己的特点，又不与其他菜品冲突。他们勇敢地承担起将精致作品运送到书店的任务，全都准时到达，将食物整理到最佳状态。然后，咔嚓，一个托盘掉在了别人的盘子上！啪！一个路过的肥臀将盘子撞飞在地——"哦，我来帮忙！"一把刀被抓住，然后像快活的曲棍球棒一样被插到了对手精致的甜点上……从那以后，我再也没让我们的任何厨师碰过面。

我们在20世纪50年代推出的那种烹饪书，到了六七十年代只在形式上稍作修改，销路仍然很好，但到了今天就不会这么走运了。那只是一种便宜的、未加图示说明的菜谱集，无须过多修饰就能卖出（确实卖得还不错），因为许多新一代中产阶级厨师平生第一次出国度假，非常渴望通过烹饪外国菜肴，让他们的饭菜更加有趣。随着英国烹饪革命的发展（只需要看看"二战"前出版的几本烹饪书就会知道，这是一场真正的革命），更多出版商加入了这一潮流，因此大家不得不投入更多精力来制作夺人眼球的烹饪书。此时距离宏伟、光鲜、插图华丽的大部头横扫市场还有些年头，但挑战在即，我们未能迎头跟上。

书商开始坚持说，没有彩色插图，就无法卖出烹饪书，我们只好很不情愿地插入些廉价印刷的彩版。这些照片通常是从旅游局讨要下来的，既浪费时间又浪费小钱。我很清楚这一点，因为很明显，那些大获成功的烹饪书里插满的都是专业拍摄、印刷精美的照片。能做得这么漂亮，是因为出版商们有信心投入大量资金制作大版本，甚至做了更大的版本供自己和几个海外版本印刷。为了达到这样的规模，他们必须建立并维护一个品牌形象——类似一种载体或包装，如今这种品牌宣传达到极致的，就是"荧幕女王"迪莉娅[1]（烹饪书最好的一点，就是不需要成为一个真正的好厨师才能被当作品牌，因为有菜谱存在）。而一旦有了品牌，就可以按计划出书，让购买者感到："就是这本了，有了这本，我就再也不需要其他菜谱了！"到了这种时候，就不必再为品牌操心了。因为品牌一旦牢固建立，就可以不断推出夏季、冬季、圣诞、生日、派对或任何菜谱系列，并一直畅销，只有挑剔的眼睛才会发现一点点过度的迹象。然后必须找一个能让食物看起来令人垂涎的摄影师，这可是一种比外行人想象的要稀有得多的岗位，他必须能拍出鱼子酱的价值。最后，还必须建立起国际化的关系网，这种投资对安德烈来说非常陌生，

1　迪莉娅·史密斯（Delia Smith，1941—　　），英国著名厨师和电视节目主持人。

我当然更没有信心去迎接这种挑战。如果我们一开始就犯了错该怎么办？这是很可能发生的，而我们承受不起这种灾难。所以我们接受了自己的烹饪书适度成功的现状。到了20世纪80年代初，我们的作者资源逐渐减少，这个产品线就逐渐衰落了。

关于出版界老掉牙的陈词滥调"你会遇到非常有趣的人"，确实如此。但我倒觉得作为一份工作，出版业能给予从业者的最大优势是多样性。是的，我确实觉得编辑烹饪书很无聊，但这也确实与编辑小说或诗集截然不同。因此，干这份工作，我总能从一个世界转移到另一个世界，这是我喜欢的地方。

我在诗歌的世界里非常紧张。我妈妈过去常常断然拒绝读诗，声称诗歌对她不形成意义。虽然十几岁时，我曾为她感到震惊和尴尬，但在读了很多诗还写了不少（尽管我从不认为自己写得好）之后，我终于发现，我其实继承了她那乏味平庸的本性。诗歌最能感动我的瞬间，是从散文角度给我的冲击，我一直无法真正理解的是，到底是什么会让一个人觉得写诗是自己存在的理由。

知道了这一点之后，当一卷诗歌在我手中流转，我所能做的就是等待。幸运的是，这也恰好是编辑应该做的全部，除非是庞德与艾略特一起工作，这样的话，两位诗人或许还能擦出相互理解的火花。我会仔细阅读作品，努力在书的封面简介上说明作者想要表达的内容，有一些诗歌整体能打动我，有一些则是部分诗句能打动我……随便怎么都可以。但我同时也感到一种紧张的崇敬，因为我一直觉得更为优秀的人对诗歌应该有所感应，当然到了现在，我已经厌倦了这种想法。而诗人，虽然他们天生拥有其他人所没有的思维特质，这让他们写出卓越的、情感强烈的文字艺术品，但诗人自身并非更卓越的存在。在古老的时代，诗人们对着同伴歌唱，提供娱乐和指导时，他们是有用的；当诗人们设计和操纵某种文字形式，以囊括更常见、更重要的人类情感时，他们是聪明而令人愉快的；但到了近代，当他们将大多数时间都花在检视自己的内心世界时，就往往变得非常无聊了（我已经不再阅读《独立报》的"每日诗歌"专栏了，因为其中大多数都无趣得令人沮丧）。即使诗歌并不乏味，诗人也远非高人一等，想想可怜的拉金 [1] 吧！

---

[1]　菲利普·拉金（Philip Larkin，1922—1985），被公认为继 T.S. 艾略特之后 20 世纪最有影响力的英国诗人，代表作《北方船》《高窗》。

当然，我们不会认为自己看中发表的诗人无聊，除了我确实厌倦了罗伊·富勒对自己衰老的沉思，有时还发现伊丽莎白·詹宁斯的想法没有她本人那么有趣，我还觉得《不是挥手而是求救》在史蒂维·史密斯的诗中之所以最著名是因为这首诗就是最好的。彼得·莱维早期的诗歌很容易让人喜欢，但对我而言，还是杰弗里·希尔[1]那凝练的短句，充满了最为丰富的乍现灵光和持久启示。"如果你没有宗教感情，"他曾对我这么说过，"你怎么会喜欢我的作品？"我的答案是："不可知论者就不能喜欢巴赫的康塔塔[2]或波提切利的《诞生》[3]吗？如果一种情绪或心境强烈到迫使某人将它准确地表达出来，那么这种表达就会拥有足够的力量，超越所有的观念，直抵他人的内心。"

杰弗里是一位难以共事的作者，因为他非常焦

1　杰弗里·威廉·希尔（Geoffrey William Hill, 1932—2016），英国诗人，哈罗德·布鲁姆曾称他为"在世的最伟大的英语诗人"。代表作诗集《莫西亚人的赞美诗》（*Mercian Hymns*）。
2　康塔塔（cantata），指多乐章的大型声乐套曲。音乐家巴赫是虔诚的基督教徒，他的声乐作品大多为宗教内容，主要有康塔塔、经文歌、受难曲和弥撒曲。
3　波提切利（Botticelli, 1445—1510），15世纪末佛罗伦萨的著名画家，代表作《维纳斯的诞生》。

虑，常常被灾难即将来临的预感困扰，所以必须耐心地、反复地安抚他。尽管我的神经在他的影响下，即便是说出或写下了"安抚"这个词，就已经非常焦躁了。有一次还发生了一件可怕的事，他的某本诗集，我想应该是《莫西亚人的赞美诗》吧，他和我都已经读过校样，我刚刚交给印制部准备付印。然而，当天下午，他打电话来道歉，说虽然他知道自己有多神经质，请我原谅他，但他突然开始担心起始页中是否漏掉了版权信息行。我知道那一行确实在那里，但我也知道他的焦虑有多折磨人，所以我并没有说"当然在那里"，而是说："印制部可能还没发出去，所以等等，我会跑去检查一下，这样我们就可以百分百确定。"我确实去了，版权信息行确实在那里，杰弗里满意了。但是，书印好交给我们时，我们却发现，版权行没了。

无论一个诗人会以怎样的方式认识自己的身份，对杰弗里来说，他就是自己诗人使命感行走的证据。生活对他而言似乎比对大多数人更为困难。有一次他讽刺地而不是骄傲地告诉我，他正在犹豫要不要去做点自己热切想做的事情，因为一旦他去做，便不再受苦，他就可能再也写不了诗了。他写的散文似乎也证明了写诗在多大程度上是他存在的理由，这些散文如此笨拙不自信，让我想起一只离水的天鹅。

史蒂维·史密斯则以不同的方式发现了生活的艰难。尽管她巧妙而果断地解决了这个问题，从对她压力太大的事情中脱身，将自己限定在确定领域的高墙内。她很有意思，而且奇怪的是，尽管她一向谨慎周密，对我却有一种意料之外的坦率，所以每次见面，我总有一种我们即将成为亲密朋友的感觉。然而，我们从未成为朋友，我认为原因和性有关。我那时还年轻，内心深处对自己的性和浪漫比对其他任何事都更感兴趣（当然大多数情况下我会让这些事远离办公室），所以史蒂维紧张的无性倾向令她与我距离遥远。她第一次走进我办公室时，差点因为我墙上挂了一张蛇的图片而吓得晕倒。她脸色煞白，恳求我将图片取下来，声音小得几乎听不见。从那以后，只要听到她走来的声音，我总是会把它取下来。对蛇的恐惧可能是因为蛇的生殖能力过于强大[1]，这或许是一种过时的错误观念，但我还是忍不住认为，史蒂维的恐惧与此有关。我非常

---

1 蛇的生殖产卵能力很强，因此在中西方文化中都有"性"的象征。

遗憾地说，我的某些部分有点轻视这种在她身上感受到的对性的恐惧，我也希望她能通过轻视我身上与她正好相反的品质，来找回一些尊严（这并非不可能）。

我们能拥有自己的诗人资源几乎出于偶然。还在色雅街时，安德烈遇到了劳里·李，并爱上了他由查托和温达斯出版社出版的《罗西与苹果酒》。当时劳里一定已经开始和各个出版商玩起操纵他们的把戏了（他未来会越来越喜欢玩的），因为安德烈被告知，查托因拒绝出版他的诗作《我重重掩饰的男人》而陷入困境，谁知道未来接手他们的出版社会怎样。因此安德烈抢购了这些诗作（我们也得到了劳里的下下本散文集）。六个月后，由于收购德里克·弗斯科伊尔出版社，我们又获得了五本诗集，分别由罗纳德·博特拉尔、艾伦·罗斯、罗伊·富勒、戴安娜·威瑟比和大卫·赖特所写，其中富勒将在未来三十年继续与我们合作。然后伊丽莎白·詹宁斯在劳里的推荐下找到我们，彼得·莱维又在伊丽莎白的推荐下找到我们，那之后诗人们不时相互引荐，有时经纪人忽然带来一位诗人，有时我们的某位小说家正好也是诗人（尤其是约翰·厄普代克[1]），还有一家名为拉普和怀廷的出版社给我们投了一小笔资金，资源就这么慢慢积累起来了……

在我从事出版工作的近五十年里，诗歌从来都不容易大卖，我们也不是在这方面做得最好的出版社。我发现自己很难理解为什么我们能一直坚持。我当然喜欢我们的有些诗集，但鉴于我平庸的天性，就算我们从未拥有这样一条产品线，我应该也不会太介意。这其中大部分诗集确实是我编辑的，但不是我发起的，是因为安德烈喜欢，才会在那里。他年轻时是个狂热的诗歌爱好者（所有匈牙利人都非常珍视自己的诗人），我刚认识他时，只要有机会，他就会向年轻女性们大声朗诵艾略特的《四个四重奏》，而且朗诵得相当好。尼克对我们的诗人也不太感兴趣，当然奥格登·纳什[2]例外，他是尼克的朋友，尼克还编了他的诗集。我想安德烈只是认为一个像样的出版商应该有诗歌产品线，就像过去，英国的乡村绅士即便把所有空闲时间都花在打鸟或骑马上，

1　约翰·厄普代克（John Updike，1932—2009），美国著名作家，曾两次获普利策奖和美国国家图书奖，代表作"兔子四部曲"（《兔子，跑吧》《兔子归来》《兔子富了》《兔子歇了》）。

2　奥格登·纳什（Ogden Nash，1902—1971），美国诗人。

也坚持像样的房子里必须有藏书室一样。回想起来，鉴于安德烈坚持的节俭习惯，这一点显得很有趣，而非值得称道。诗歌或许没有让我们赔钱——因为我们付给诗人们的预付款实在微不足道，再加上诗集也设计得非常经济——但肯定也没有让我们赚到钱，不过我们都不介意，这种态度在五十、四十、或三十年前并不为人称道，到了现在，更是几乎不可想象了。

为了在回忆编辑的职责——那种无聊但仍需认真对待，必须对自己非擅长领域的书籍也尽心尽力的责任——之后恢复平衡，现在我想讲述一下所有工作中最吸引我的那类，比如与基塔·瑟伦利[1]于1974年合作出版的《进入黑暗》。

基塔的童年是在维也纳度过的，她父亲是匈牙利人，母亲是奥地利人，都不是犹太人。希特勒接

1　基塔·瑟伦利（Gitta Sereny, 1921—2012），出生于奥地利维也纳的传记作家、调查记者和历史学家，因采访调查玛丽·贝尔（少年杀人犯）、弗朗茨·施坦格尔（纳粹特雷布林卡灭绝营指挥官）等争议人物而闻名。代表作《进入黑暗：从安乐死到大屠杀，关于特雷布林卡的指挥官弗朗茨·施坦格尔的研究》（*Into That Darkness: from Mercy Killing to Mass Murder, a study of Franz Stangl, the commandant of Treblinka*）。

管奥地利时，她刚十五岁，被送到法国上学，然后在那里遭遇了战争。在德国占领期间，她在巴黎和卢瓦尔河照顾被遗弃的儿童，后来前往美国。到了1945年，她在德国南部的联合国善后救济总署担任流离失所者营地的儿童福利官员。尽管许多孩子最终得以与家人团聚，但更多的孩子无处可去，无人可找，所有人都经历了无法言说的恐惧。怎么会有人选择让成千上万的孩子成为集中营和劳改营的受害者呢？他们都在十四岁以下，很多还不足十岁！以下引自我们出版社1991年出版的《进入黑暗》平装本第一版的序言："在纽伦堡审判的几个月里，我们与幸存者一起工作的时间日渐增加，这其中包括一些来自被占领的波兰的灭绝营幸存者，对这个灭绝营，那之前几乎无人知晓。对所犯下的恐怖事件了解得越多，我越觉得需要找一个人，来亲自解释我们以为的正常人怎么会被引导着去干那样的事情。"这个问题困扰着她，她开始觉得"至少应该深入透视一个与这种彻底邪恶有密切关系之人的个性，这非常重要。如果可以的话，对这么一个人的背景、童年及最终成年后的动机和反应进行评估，深入了解他所看到的，而不是我们希望或预先判定的东西，可能会帮助我们更好地理解人类的邪恶在多大程度上是由他们的基因造成，在多大程度上是由其所处的社会和环境造成"。

人们有时会问，为什么基塔·瑟伦利这么习惯于书写关于邪恶的文章，但我觉得如果有人在自己生命早期就陷入了如此灼痛的知觉并受困于此，那么她擅长这类写作就并不令人惊讶。我们普通人只是因为太过害怕，就算有所思考也不想沉湎其中。一切使生命有价值的东西，都来源于人类与自身黑暗作战的渴望，试图了解邪恶也是这场战斗的一部分。诚然，为了与邪恶对抗而对之进行的了解，我们至今就算有了一些，也并不太多，而且，面对可怕事物时，我们的恐惧和沮丧常常将可能有的兴奋掩饰了起来。但是，如果任由这些理由阻止我们去了解腐败发生的机制，那我们还有什么希望？在我看来，基塔在联合国善后救济总署经历了那一切的大约二十五年后，依然想要一个解释，没有比深入透视这个特定邪恶人格更好的机会了。

她当时已经成为一名记者。1967 年，她受《每日电讯报》的委托撰写了一系列关于联邦德国的文章，包括那时正在进行的纳粹战犯审判，因此她出席了对特雷布林卡的指挥官弗朗茨·施坦格尔的审判。特雷布林卡是德国占领波兰期间四个"灭绝营"（与"集中营"不同）之一，施坦格尔与其他三人一起，负有谋杀九十万人的共同责任而被判无期徒刑。四人中一个已经死了，另外两个逃了，施坦格尔也曾逃到了巴西，但最终被追查归案。基塔意识到，他正是自己希望研究的对象，也觉得自己目前有能力承担这项任务。

她被允许探望监狱中的施坦格尔，在六个多星期里与他进行了长谈，在谈话的最后时刻，他触及自己罪恶的根源，并承认自己不该继续存在于世间。但他说的话里，还有个细节需要再次确认，所以她同意三天内再来一次。她再次回到监狱时，却被告知他已经死了，死于心力衰竭，不是自杀。随后，《电讯杂志》发表这些采访文章时，却拒绝将这一事实收录在内，声称没人会相信。

读完这些采访文章后，我们请基塔来办公室讨论出书的可能性，她告诉我们，她已经在为此做进一步工作了，很高兴让我们看看。我不记得是过了多久她将稿子（或更确切地说，将可以塑造这本书的原材料）带来的，但我永远不会忘记面前的那些手稿堆积成山的景象。

因为在办公室实在难以处理，我当天晚上就把稿件带回了家，铺满了整张桌子。除了对施坦格尔的采访这个核心内容之外，还至少涉及二十四个其他人的采访记录，其中许多篇幅很长，此外，还有很多能将这些材料焊接成整体的（但并非全部）描述和解释段落。

我从来没有读到过像那天晚上那样让我震惊的东西。看了在盟军到达贝尔森集中营[1]后拍摄的纪实画面，我本以为自己已经了解了那些恶行的性质，但其实差得远呢。通过希特勒"安乐死计划"执行人的这堆惊人材料，我探索着这位普通、高效、雄心勃勃、害怕妻子的奥地利警察的人生过往，还有除了乌克兰人外，所有在灭绝营为他工作的其他人的经历，一切都非常有吸引力，同时也令人恐惧，因为我知道最终会走向哪里……随后便走到了。有

1　贝尔根–贝尔森集中营，位于德国北部汉诺威附近，1945 年 4 月 15 日，英国军队解放这个集中营时发现约 6 万名囚犯以及 1.3 万具未处理的尸体，死难者因为饥饿和疾病而死，写出《安妮日记》的安妮·弗兰克就死于这里。

声音开始告诉我所发生的一切……我记得我在房间里不停地走来走去，仿佛想要逃离那纸堆里的一切，那天晚上我彻夜无眠。在那种情境下，我做出了一个编辑决定：在这本书里，绝不或尽量少用形容词，诸如"恐怖""残暴""悲惨""吓人"等字眼，与事实相比，这些词就像扔进熊熊燃烧的烈火中的纸片一样单薄。

基塔挖掘了大量原始材料，前往巴西、加拿大、美国、德国和奥地利进行采访。之后，她就陷入了如我刚刚瞥见的那种更深的黑暗之中，基塔已经快撑不住了。此刻，她很愿意得到一个编辑的支持，因为尽管她的英语很流利，但英语并不是她的第一语言，因此她并没有绝对的信心。的确，有时她会陷入略带日耳曼风格的文字节奏，句法也略微阐述过度。但最主要的原因是她已经精疲力竭，而且与材料距离太近，所以必须获得帮助。通常，我只要说"让我们把这一点放在这个位置"，她就会立即回答"不，不，这一部分必须放在那里"，但当她透过一个全新的视角重新审视自己的文字时，也能重塑某些段落。我会指出哪些地方需要澄清，或压缩或扩展，我会说"但你在描述某某时已经说过这个了”，或者“等一下，这里需要再次提醒，因为距离第一次出现有段时间了”。

很明显，对施坦格尔的采访是本书其他部分必须依附的主线，但要决定在哪里打破这条主线、引入其他声音并不容易，比如他妻子或妻妹的声音、为他工作的手下们的声音，那五个幸存者还有其他人的声音。我已经忘了我们到底为此花了多长工作时间，大约有好几个月吧。通常都在我的公寓里工作，为了这本书，我不得不经常连续几天离开办公室，而基塔则必须经常回到自己的打字机处去新增说明或扩展。我们不时陷入困境，因为经常会出现一份材料，本身很吸引人，但似乎放在哪里都不适合。“天哪，我们只好牺牲掉”，我会这么说，然后，又过了一会儿，整本书似乎会发生一些微妙的变化，然后，啊哈！之前有问题的材料被放了进来，完全合适。这类事几乎以不可思议的规律不断重复。基塔以为她只是收集了能找到的所有东西，但她在下意识里组织起来的书稿，条理越来越清晰。因为采访者终究控制着采访的方向，而她对施坦格尔的背景研究越深入，对所发现的关联性就越有把握。最后，我们确实压缩了书籍的长度，但并没有遗漏任何内容。

　　这就是她在写这本书时所做的最厉害的事。在这个最复杂的过程中，即使她以为自己不知道，但其实她一直都知道自己所追求的方向是什么。这一点，连同她作为采访者的惊人力量，帮助她从人们身上汲取他们必须呈现的一切。另一个让我钦佩的点是，她没有一般作者的虚荣心，她有时会对我建议的改动说"不"，理由是读起来不像她的话，但通常情况下，如果能让观点更简洁有力，她并不介意我是否改变了她的原话。她致力于将事情说出来，而不是给人留下文字雕琢匠的印象。

　　我可以详细写一篇有关《进入黑暗》的文章，但对那些还不知道这本书的读者来说，找原书来读一读会更有意义。我对其进行编辑工作，最重要的原因是它的主题完全吸引了我。直到现在，我仍然经常思考，那个毫不起眼的人是如何因为一连串是非选择而成了怪物，他的一些早期选择非常微不足道，他尊重的人里没有一个支持他选择正确的道路，而他尊敬的另外一些人，譬如高级官员、牧师、医生（他对"值得尊敬"的看法非常传统），则将错误的事情当作正确的来做，最典型的当然是"元首"。施坦格尔内心缺乏强大的中心，这很可能是被其沉闷枯燥的童年所剥夺的，所以他成了政权的产物。其他内心缺乏强大中心的人未必拥有和他一样的内在特性（这特性也许是缺乏想象力与野心的结合），或者只是程度的差异，但这一特性对那些选择他来干这项令人震惊的工作的人来说，一定非常显而易见。可以肯定的是，是环境而不是基因让他成为这个样子。

变老带来的一件好事，是可以不再那么在意人们对自己的看法。尽管大家都信奉不该自我吹嘘，但我仍然要引用基塔感谢我帮助的话语，因为这些话确实让我非常开心："戴安娜·阿西尔编辑了《进入黑暗》。她将温暖、智慧、文字的流畅，以及我几乎无权期望的高质量投入，给予了这本书，给予了我。她最终成为我的朋友，对此我心怀感激。"当然我们两不相欠，因为我从始至终都很感激我的朋友基塔允许我参与其中。

这本书完成后不久，基塔就病了，是癌症，但谢天谢地，发现的时候还是早期，可以根除。我知道没有任何证据，但我一直坚信这是她怀着勇气紧紧追随那个男人进入他可怕的暗夜，承受一切压力的后果。

9 ——

不管是在卡莱尔街还是后来的其他地方，我们的日常生活和职业生活一样充满意外，主要有以下两个原因：第一，安德烈用人总挑"方钉子"的弱点；第二，爱情。

在我们出版社，"方钉子"不少，通常是无害的，并且很快能纠正，但有时还是会充满戏剧性。我们居然曾聘用过两个精神错乱的人，一个是销售经理，另一个负责宣传（广告终于能交给宣传部门了，这真是彻底的解脱，我花了一段时间才敢相信这一点，然后为之欢欣雀跃）。销售经理是从澳洲来的，所以他一直住在酒店里。我还记得和安德烈一起去那家酒店，想找出他三天没来办公室露面的原因，酒店前台人员压低声音告诉我们，仿佛在透露名人的动向："上校两天前动身去了柏林。"上校？我们从来不知道他还有军衔，也不知道他失踪了。负责宣传的女士则只是有自大妄想症，当她意识到这份工作与她的身份不符，就主动解决了这个问题。

我能怀着深情记起的"方钉子"，我将称她为

"露易丝"，是安德烈从纽约挖来的。当时她的工作是给蒂芙尼的商品目录撰写文案，安德烈一眼相中她就是应该管理编辑部的人：不是干编辑的活儿，而是**组织编辑们干活儿**。安德烈一直有个梦想，梦里有各种程序和挂图，他可以用这种方式克服一本书从打字机到印刷机的全部流程中可能遇到的各种问题，比如作者忽然有了个新想法、编索引的员工患"流感"倒下了，或版权持有人不回信，等等。而露易丝——即将治愈这些问题，为他实现梦想。但我们无法预见如此幸福的结局，只能心怀恐惧地等待她的到来，他是这样宣布的："你们都必须绝对**服从她**。连我也会服从。"

乍一看，她确实有点令人担心，但这只是因为她太时髦了。她身材苗条、骨架窄细，着装让人嫉妒得发狂——就是优雅的纽约人爱穿的那种休闲服，简单到你说不清为什么，就是知道它们很贵。她那惊人的沉着和自信并没有妨碍她的魅力，第一天我带她去吃午饭，对她的态度已经比想象中热情。确实，还没有吃完第一道菜，之前在我心里响起的警报就消失殆尽。

露易丝迫不及待地告诉了我她为什么接受安德

烈的提议。她在纽约遇到了肯·泰南[1]（泰南在那里
比在伦敦更有名，无论是作为戏剧评论家还是他的
个性都声名远扬），疯狂地爱上了他。当他动身前往
伦敦时，她身无分文（她是怎么弄到这些衣服的？），
不可能跟他走，所以一直处于绝望之中……然后，
突然间，天上掉下了这个机会。我会不会觉得肯会
介意呢？她几乎可以肯定他不会，因为他说了这个，
这个，这个，还做了那个，那个，那个……想必，
那一定意味着他们之间的风流事将愈演愈烈……或
者，我会不会觉得她大概不够明智？我跟泰南的距
离，从来没有短于酒会上房间的两端，但也不可能
没听到过那些关于他的传言，这些传言让我确定她
确实非常不明智。我已经预见到未来收拾战场时的
狼藉，但那一天，我主要想的是愉快地确认，这个
迷人的傻姑娘永远不可能管理任何事，甚至她命中
注定的爱情。

　　目前来看，她那奇特的脆弱和鲁莽（她有一种

1　肯·泰南（Ken Tynan），本名肯尼斯·泰南（Kenneth Tynan，1927—
1980），英国著名戏剧评论家、作家，代表作为音乐剧《加尔各答风情
画》（Oh! Calcutta!），舞台上演员全部裸体演出，是百老汇戏剧史上最具
争议的演出之一。

几乎英勇地陷入灾难的冲动），她在办公室里的无用程度，仍有待发现。就第一步而言，她就像个出色的欺诈师，一贯给人沉着自信的非凡的第一印象，但她无法将这一印象坚持到底，我认为她甚至没有尝试过要坚持。我开始逐渐了解她，甚至在她急需"营救"时让她留宿在我的公寓里，我经常疑惑她到底了解自己多少。她会不会在半夜醒来时，一想到自己穿帮就冒汗？还是干脆简单忽略掉这些尴尬事？比如骗到了一份自己根本干不了的工作，现在正撒着弥天大谎，来掩盖自己根本没干活儿的事实？又或者是将这一切从大脑里抹去，开启某种本能的逃生机制，从此摆脱这种情况，开始新生活？

直到她离职了以后，我们才发现她一直把样书藏在暖气片后面，而不是如她所言寄给了厉害的名人，以便获得些引人入胜的评论能放在书封上引述。我们很快就意识到，当露易丝说她做了某事时，并不一定就真的做了。仅仅几周后，安德烈就开始嘟嘟囔囔、絮絮叨叨，但不是对着她。他很少能做到直接解雇"方钉子"，他的方法是愤怒地朝所有人抱怨，上至尼克和我，下到接线员。当然，他从来不承认是自己将"罪犯"带进来的，直到他在办公室制造的不适氛围如此浓厚，最后即便是最迟钝的"方钉子"也会感觉到不对劲，最终选择离开。很久之后，在一个令人震惊且不可原谅的情况下，有个"方钉子"没能做到这一点，安德烈崩溃了，大声喘息着对我说："我做不到，我做不到，你来干!"我只好出面解雇了那个人。

幸运的是，露易丝的触角很灵敏，很快就意识到自己脚下的薄冰正在融化。因此，某晚在一个宴会上，当她发现自己与开普出版社的汤姆·麦奇勒坐在一起时，就开始了自己的表演。几天后，汤姆打电话给安德烈，为自己做了坏事而道歉——他竟然"偷"走了我们的露易丝!"我向上帝祈祷，"安德烈说，"对此我没有表现得太过大方。"幸运的是，汤姆并没有怀疑，于是事情就此了结。我后来仍不时会见到露易丝，但总觉得最好不要过问她的新工作，我只关心她的爱情生活。她最后接受了泰南的拒绝，还与一个她根本不感兴趣的男人开始了一段疗愈性的短暂关系，为此还怀了孕，也因此找到借口及时逃回纽约。当然我怀疑她也是为了避免被解雇而逃走的。

我没有对安德烈说"我早就告诉过你了"，因为到了这个时候，我非常清楚这么说也没什么意义。

最影响办公室士气的爱情，是折磨男人而不是折磨女人的那种，这既令人惊讶又令人欣慰。我祖父母那代人，或至少我父母那代人会认为，在需要承担大任的工作中，男性比女性更受青睐是理所当然的，因为他们能更好地控制自己的情感生活。一个女人或许和男人一样聪明，但她的智慧是靠不住的，因为一旦在爱情里受挫，她就会崩溃。没人提到经期的情绪不稳定，但这个想法潜伏其中：女人这种可怜的小东西，天生就不能指望她们克服自己身体的变幻莫测。我们这代人倒不会这么想了，但这个观点依然存在，需要被反驳。因此，我很高兴地发现，虽然我和我的女同事们在私人生活中有时会忍受痛苦的情感体验，但我们从未允许这些痛苦如尼克和安德烈那样丢脸地影响工作。

尼克，一个惯于沉默的绅士，上唇僵硬得几乎吱吱作响，疯狂地爱上了一个为我们工作的年轻女人，为此强迫妻子和自己离婚，但又被情妇甩了，只好回到了妻子身边。在整个过程中，他所释放出的歇斯底里的程度让旁观者疲惫不堪，一筹莫展。

当情妇决定不要他后不久，他孤独地租住在一个沉闷的公寓里，我是真的为他感到难过。一个如此有尊严的男人被贬损到如此可怜的地步，还竹篮打水一场空，真是个悲剧。但是，还不到一周，安德烈向我报告说，尼克和他的妻子一起回来了，还要求我们表现得仿佛什么都没发生过，他的尊严和我的同情心都大打了折扣。除了无法想象没有女人操持柴米油盐的生活外，对尼克如此迅速的扫兴结局，我找不到其他解释。

安德烈的爱情试炼则没有尼克那么严重，但对我们这些观众的打击也不小，这是个始于偶然，终于一生的故事，有起有落，结局幸福。

早些时候，在我最初成为他的红颜知己时，他和女人的关系总是维系得很短。他会认真宣称自己坠入爱河（他坠入的始终是爱情，而不仅仅是喜欢），紧接着就宣布结束了。有一次，从陷入到发现该女人无法相处仅隔了三天，因为"她一直给我打电话"，"但这不是很好吗？"我问。"不，她只想谈自己遇到的烦恼。"还有一次，他邀请刚认识的女人去康沃尔共度短假，但第二天就后悔了，于是逼着希拉·邓恩和他们一起去，希拉反过来又逼他，让他别把女孩锁在他的卧室外，这情形让我想起丽安娜·德·普姬的《我的蓝色笔记本》[1]中的描写，她的前情人如何召唤她去救他，因为一位热情如火的新欢自带枕头冲进了他的卧室，显然在"期待"（真可怕）整夜待在他的床上。

这种轻浮状态很快就会转变。1949 年，安德烈在达沃斯度过了他的第一个滑雪假期，此后余生，他每年冬天都将去这里度假。他走之前还让我照顾他新交的女朋友，我和她度过了一个晚上。在我看来，她没有表现出任何迷恋他的迹象，真是幸运，因为安德烈一回到家就打电话向我宣布："我恋爱了！"

"我知道啊，你还让我照顾她呢。"

"不是她。这次是真的。"

的确如此。在达沃斯和他同住一家酒店的那个女人即将结束他花花公子的生涯。

这个黑发棕眼、脸孔略有棱角的美人是最让他

1　丽安娜·德·普姬（Liane de Pougy, 1869—1950），以大胆开放闻名法国社交界的交际花，拥有传奇的一生，回忆录《我的蓝色笔记本》（*Mes Cahiers Bleus*）由戴安娜·阿西尔译为英文，安德烈·多伊奇出版社出版。丽安娜成长于修道院，十六岁与一位海军军官结婚，却遭到家庭暴力，十八岁逃离婚姻后开始了交际花生涯。四十一岁与罗马尼亚王子乔治·吉卡结婚，婚后回到修道院，投入慈善事业，帮助先天缺陷的儿童。

兴奋的那种类型，他对她一见钟情并不奇怪，但她为什么能抓住他，而且从一开始就非常明显地抓住了他，则比较神秘。

我想了很久，得出的结论是，有四个因素相结合，让她拥有了不可动摇的权威而且完全掌控了他的想象力：她比他大十岁；她已经结婚了；她的个性害羞矜持；她非常富有。

魅力需要一定距离，而这位美女的资历、婚姻状况和矜持赋予了她这种距离感，安德烈永远无法感觉到完全拥有她。而她，或更确切地说她丈夫的金钱（我相信安德烈从未想过可以从中渔利），也大大增强了这种遥不可及的魅力，而且效果绝佳，因为她对金钱毫不在意。在安德烈眼中，她光彩夺目，与其说是因为那些惊人的财富，不如说是因为她超越了那些惊人的财富。

起初他渴望娶她，但她丈夫令这渴望成为不可能，于是他觉得他们陷入了悲惨的境地。但他们依然见面，最后他对这种情况也感到无可奈何。实际上，他过于专注自我感受，无论多么真诚地爱着妻子，也不可能擅长婚姻，这么多年来我每天和他见面，不可能不了解这一点。

在将近五十年的时间里，我和他心爱的这个女人碰头的次数不超过几十次，因为安德烈坚持说她很嫉妒我。这也并非不可思议，我比她小十岁，与安德烈兴趣相投，每个工作日也和他在一起，但随着岁月流逝，这可能性就越来越低了。当他对着八十岁的我和九十岁的她说出这句话时（他确实也这么做了），只不过是一个男人僵化虚荣心的下意识抽搐吧。更有可能是，她无意关注她爱人身边的各色人等，因为我相信她从未见过他母亲（但凡认识玛丽亚·多伊奇的人，都不会为此责备她）。

任何一段像他们这么长时间的关系，一定会起起落落，在卡莱尔街的日子里，安德烈就发生过两次被嫉妒左右的情况。就我所见，两次都没什么充分的理由，当然，如果实在要找，也不是找不到。因为这两次，除了崩溃成快融化的悲伤果冻外，他还连续很多天都无法思考，也无法讨论其他任何事情："发生这种事，你怎么还能指望我考虑印量的问题？"考虑到他一向对别人工作投入度的要求，这真的很难接受。他连续好几个晚上都致力于所谓的"开车兜风"，这其实意味着某种"间谍"活动，还坚持需要有人陪他"开车兜风"，没完没了地在他认为她可能会出现的餐厅周围转来转去，如果没能在她必经之路上抓住她，他就会去他怀疑的情敌居住的街道上开着车来来回回，希望（或害怕）看到她的车停在那里。但其实他从没找到过她的车，否则我早就知道了，虽然我很快就"罢工"不去陪他兜风，觉得这行为既恶心又无聊，但总有其他不情愿的人们接替这份工作，于是我就会不断听到关于每个晚上发生事情的详细报告，伴随着痛苦的抱怨。

为什么我会觉得自己必须倾听呢？如果是现在，我自然很快会找到办法，摆脱这种极度无聊的煎熬，但当时我觉得，作为朋友就应该倾听……我想，一定程度上这并不错，但是，想要在真正需要同情和贪婪的自我放纵之间划清界限并不容易。我能够也确实做到了划清界线，但我觉得安德烈没办法控制自己，一定会越线，所以我必须忍耐。我还记得自己有一次特别不耐烦，但还是想着："坚持住，别发作，要是他知道我的真实感受，我们的友谊还怎么持续？"

然而最终，情绪还是粗暴地爆发了，但不是我，是安德烈不耐烦。

大约就在他经历那场嫉妒心大发作，也就是尼克崩溃之前，我爱上了一个男人，当对方意识到发生了什么时，就鼓足勇气告诉我他并不爱我。即便如此，我还是很感激他的诚实，因为经验已经教会了我很多关于心碎的事实，我也知道没有希望才能最快治愈。错误的善意哪怕让我抱有一丝希望，我也想抓住它，于是痛苦就会被延长，但这个人（这个我恢复后仍然非常喜欢的亲爱的人）让我无法欺骗自己，所以我才能毫不拖延地开始好转，最终也没有留下疤痕。但尽管过程平稳，却也没这么快，在大约一年的时间里，除了工作，我没有其他用以摆脱悲伤的办法，所以我的夜晚常常是凄凉的。

而另一方面，安德烈和他的爱人、尼克和他的妻子芭芭拉，则享受着所有该享受的夜晚。他们组成了四人帮，每周两三次一起去剧院、音乐会、展览或电影院。"我真希望他们有时会邀请我一起去"，在一个特别沉郁的夜晚，我这么想着，而且很想知道如果我向安德烈这样建议，会不会显得我太纠缠。这种做法确实与我的个性格格不入，因为我已经习惯了把自己的爱情烦恼留给自己，或许这就是为什么他从来没有想到我也需要在别人的帮助下振作吧。如果他知道……我们毕竟是朋友啊，想想我为他倾听的所有爱情烦恼，想想看在上帝的分儿上所有"开车兜风"的时光！当然，毕竟我可以说服自己承认正在经历着糟糕的日子，偶尔与他和其他人一起看场电影也是非常好的。

于是我确实这么干了，无数次想着搞砸了就砸了吧，然后用一种沉闷、不自然的声音向他提议。结果他非常生气："哦，看在上帝的分儿上！别自怨自艾了！"

10 ——

1961 年，我们买下了大罗素街 105 号的房子，出版社将在那里度过余下的日子。安德烈选择这里并不是因为我们需要一幢更大的房子（虽然我们的确需要），而是因为连同这里，我们还一并买下了格拉夫顿图书社——一家专门出版图书馆学书籍的小公司，安德烈认为它会在未来为我们贡献重要的作者资源和收入来源。在创业早期，我们曾毕恭毕敬

地看待费伯书局[1]，就是因为，正如安德烈经常指出
的，他们之所以有杰出的文学类图书作者资源，是
因为有不那么"光鲜"的其他作者资源做支持。我
觉得他们甚至还有关于护理方面的参考用书，而我
们一直都有点担心自己缺乏这种可靠的"后备资
源"。烹饪类书籍是解决这个问题的一种尝试，"语
言图书馆"也是，这是词典编纂者埃里克·帕特里
奇[2]为我们设计的一系列有关语言本质和历史的书籍，
一开始完全由他主编，后来他以顾问身份参与编辑，
直到去世为止。格拉夫顿图书社似乎是我们这项政
策的适时扩展，他们还拥有一幢漂亮房子，一幢体
面但被改建过多次的格鲁吉亚式建筑，上面挂着一
块牌匾，写着"建筑师 A. W. N. 普金[3]曾居住于此"。
我们最初看到这块匾额时，都觉得它实在太大了。
它所在的街道单调乏味，迎合了那些身着厚外套和

1　费伯书局（Faber and Faber），1929 年于英国创立的独立出版社，以
出版文学作品为主，迄今为止，在费伯出版过的作家名单中，已经有
十三位诺贝尔文学奖得主和六位英国布克奖得主。

2　埃里克·帕特里奇（Eric Partridge，1894—1979），英语词典编纂者，
以编纂英语俚语词典《俚语和非常规英语词典》而闻名。

3　A. W. N. 普金（A. W. N. Pugin，1812—1852），19 世纪英格兰建筑师、
设计师、设计理论家，英国议会大厦重建时，哥特风格的内饰设计是
他的代表作之一。

运动鞋，到处追寻文化的游客。但大英博物馆透过其高贵的大门和梧桐树的遮蔽远眺着这里，赋予它足够的尊严，确实是出版社的好去处。

我们在这里安顿下来，享受着对我们来说堪称"美好的"60年代，尽管在我看来，这十年与其他年代也没什么本质上的区别。如果我还年轻，对时尚的吸引力还能做出充分反应，也许会觉得这十年有所不同，但事实上，我只觉得这个词儿纯粹是媒体的发明。我认识的很多人多年来一直睡在一起，也并没有将其称之为"性革命"。简·里斯也同意我的意见，说第一次世界大战前她第一次来到伦敦时，人们就疯狂地吸毒，和现在唯一的区别是那时报纸上并没有大肆报道。但当然，我们终于觉得自己从第二次世界大战中恢复过来了，这个事实确实让人高兴。

现在我们拥有了更多空间，容纳了更多人，开始感觉不像个家庭，更像一家出版社了。有一段时间，二十四个人同处一所房子，还没算上包装和发货人员呢，他们总是聚在另一个独立屋檐卜，在一位热心的马克思主义者和他的家人手中高效而愉快地运转（直到那致命的一天，安德烈抓住了那个深受欢迎的管理顾问的错误，然后他们就变得效率低下，极不愉快了）。印制部门从两个增加到三个，然后到四个；而宣传部门和版权部门都设法说服安德烈，自己需要单独的秘书；儿童读物编辑帕梅拉·罗伊兹硬着头皮承认，她确实需要额外帮助（考虑到她的作者资源的规模和重要性，早就该这么做了）……人力最多时，我们曾使用没有窗户的通道作为房间，而每个真正的房间全都被细分到极致。我的小房间位于整幢房子比较安静的一侧，还能有个窗户时不时看看窗外。我几乎为此特权感到内疚，因为可怜的埃丝特·惠特比和编辑部门的另外三个人，被埋在地下室里已经好几年了。

我经常疑惑，别的比血汗工厂稍好点的企业，是否会对自己的员工强加这种不适。这个国家似乎挤满了人，大多是年轻女性，非常渴望从事与书籍相关的工作，愿意为之忍贫受苦，而我们理所当然地利用了这种情况。我们中少数能拿到与劳动价值相称的工资的，是销售经理、发行经理和会计师，通常这些岗位都是已婚男人，薪水再低他们就不会接受这份工作了。而其他人，尽管一直在我们可怜的土地上蓬头垢面、咬牙坚持……好吧，我们也不是不能离开，但确实没有离开，而且气氛通常还很愉快。

由于从薪水角度，我总是处于中游（1962年后为我们工作的几位女性，确实有意识地争取到比我更高的薪水），因此总觉得自己是雇员，不是雇主。直到20世纪70年代我才拿到每年10000英镑，而且我的薪水最高也没超过15000英镑，不过70年代后期，我确实得到了一辆公司付款买的车（我还记得安德烈一直想说服我，廉价的雪铁龙2CV也是一种"复古"的时尚，但他没有成功）。我们搬到大罗素街时，我甚至已经注意不到"董事"这个头衔对我有任何意义了，每次涉及购买房产、增加或裁减员工、决定书籍在哪里印，以及应该付给谁钱的时侯，安德烈从不假装要和任何人讨论，我也接受了这一现状，只要他愿意和之前一样，听从我关于书的意见就行。

我现在只在一件事情上后悔过自己的这种态度。那就是如果我能自觉是一名高级管理者，而不仅仅是一名员工，我本该让安德烈的管理更加公平有序。比如，我应该说："废话，我们当然必须给他们买合适的椅子和台灯，就算价格与你刚为自己买的东西一样高，那又怎样？"但我并没有这么做，我只是和其他人一样，忍受着他提供的垃圾货，同时想着"这个卑鄙的老混蛋"，就像一边抱怨恶劣天气一边又不得不忍受的人一样。

就当时而言，合并格拉夫顿图书社是件好事，但并没有走多远，我们错误地认为，就算我们遇到困难，它所带来的"语言图书馆"也会让我们吃饱。格拉夫顿图书社由克莱夫·宾格利（他后来于1981年从我们手里买下了它）在一个小型咨询委员会的支持下为我们进行管理，他在这个狭窄领域允许的范围内尽全力推动了其蓬勃发展，但除了安德烈、尼克和我，几乎没人对图书馆的技术细节感兴趣，所以克莱夫一定经常感到被忽视。当安德烈将其转卖给他时，我认为也是因为安德烈对它兴趣缺缺，而不是因为它导致我们亏钱，当然，它也肯定从来没有带来令我们怀念的收益。同样，如果我们中的某人关心语言学，"语言图书馆"本可能做得更好（就我个人而言，在牛津大学对这门课程浅尝之后，就很快对其从无知变成了憎恶），它仍然受人尊敬，但实在不够刺激，其实我们本可以成为英国出版界的乔姆斯基[1]，但根本没人想过这一点。我们一直到1984年都在继续出版"语言图书馆"，到了将它移交给牛津大学的巴兹尔·布莱克维尔出版社时，我们出版社里几乎没人注意到它的消失。事实上，专业书籍想要获得成功，就必须由专家来做，要给予类似我们投入其他书籍的精力和热情才行。格拉夫顿图书社和"语言图书馆"为我们最美好的岁月做出了微薄但真实的贡献，但当我们看到即将来临的暴风雨时，由于缺乏爱意，它们就成了被抛弃的货物。

接下来三十年表现良好的，都是我们喜欢的书。当然，这不是说我们对这些书的喜欢程度一样，或我们所有人都喜欢所有这些书，我的意思是，这些书或多或少都属于"我们喜欢的那类书"。我们的小说家中，最引人注目的（我将按字母顺序排列他们的名字，以掩饰自己的偏好）是玛格丽特·阿特伍德[2]

1　诺姆·乔姆斯基（Noam Chomsky，1928—　），美国哲学家，麻省理工学院语言学专业的荣誉退休教授。乔姆斯基的著作《句法结构》被认为是20世纪理论语言学研究上最伟大的贡献。
2　玛格丽特·阿特伍德（Margaret Atwood，1939—　），加拿大著名作家，被誉为"加拿大文学女王"，分别于2000年和2019年两次问鼎布克奖，代表作《使女的故事》《证言》等。

（最早的三本）、彼得·本奇利[1]（所有小说，但《大白鲨》是黄金之选）、玛丽莲·弗伦奇[2]（她的两部小说，但以《醒来的女性》为佳）、莫莉·基恩[3]（最后三本书，其中最重要的是《品行良好》）、杰克·凯鲁亚克、诺曼·梅勒（包括但止于《美国梦》）、毛翔青[4]（前两本）、V. S. 奈保尔（他的十八本书，包括非虚构类）、简·里斯（全部）、菲利普·罗斯（前两本）和约翰·厄普代克（包括但止于散文集《零活儿》）。

还有很多其他书籍，其中有些我已经忘了，有些是我欣赏的，有些是我非常喜欢的。所以，我现在打算先插入一份清单，给喜欢在二手书店闲逛的读者们，如果你们遇到以下书籍，别错过，买回家吧。

---

1 彼得·本奇利（Peter Benchley, 1940—2006），美国知名编剧、作家，代表作《大白鲨》。

2 玛丽莲·弗伦奇（Marilyn French, 1929—2009），美国作家，凭借1977年出版的长篇小说《醒来的女性》（*The Women's Room*）一举成名，出版以来全球销量超过2000万册，堪称"小说版的《第二性》"，对西方女权主义运动起到重要影响。

3 莫莉·基恩（Molly Keane, 1904—1996），爱尔兰小说家，代表作《品行良好》（*Good Behavior*），曾获得布克奖提名。

4 毛翔青（Timothy Mo, 1950—　），亚裔英国作家，父亲是中国香港人，母亲是英国人，10岁由香港移居英国。曾三次提名布克奖，并获得1999年詹姆斯·泰特·布莱克纪念奖，代表作《酸甜》（*Sour Sweet*）。

迈克尔·安东尼（Michael Anthony）的《圣费尔南多[1]那一年》（*The Year in San Fernando*）。迈克尔来自特立尼达[2]一个偏远的村庄，他的母亲很穷，在有机会送儿子去圣费尔南多为一位老妇人工作时，她根本无法拒绝。于是，这个十岁的孩子被送往一个地方小镇，在他眼里却完全是个令人惊心动魄的大都市。这本小说就是基于这段经历创作的，是从孩子角度对生活的真实感人的观察。

约翰·加德纳（John Gardner）的《格伦德尔》（*Grendel*），是来自田纳西州的一部出人意料的小说，雷蒙德·卡佛[3]曾心怀感激地承认本书对他产生了重大影响。本书是从怪物角度讲述的贝奥武夫[4]的故事。我在大学期间因为不得不阅读《贝奥武夫》，几乎对牛津产生了反感，所以当一位纽约经纪人向我推荐这本小说时，我非常不愿意打开。但如果真没打开，我就错

1　美国加利福尼亚州南部的一个城市。

2　乌拉圭西南部的一个城市。

3　雷蒙德·卡佛（Raymond Carver，1938—1988），美国当代著名短篇小说家、诗人。

4　中世纪英雄史诗《贝奥武夫》的主人公。

过了极大的乐趣，那真是非常强大的想象力所成就的作品。

迈克尔·欧文（Michael Irwin）的《工作秩序》（*Working Orders*）和《前锋》（*Striker*），这是我所知道的描写英国工人阶级生活的最好的两本小说，尤其是《前锋》，它讲述了一个足球明星的成败。

查曼·纳哈尔（Chaman Nahal）的《阿扎迪》（*Azadi*），讲述了一个印度教家庭在印度分裂中所经历的一切，是应该被公认为经典的精彩小说。

梅尔塞·罗多雷达（Merce Rodoreda）的《鸽子女孩》（*The Pigeon Girl*），是从加泰罗尼亚语翻译而来的极其感人的爱情故事，它讲述了普通的、非政治民众不得不遭遇的西班牙内战的故事。

在许多读者看来，如果有幸出版了罗斯的第一本书和厄普代克几乎所有作品，那么这两位作家肯定应该在故事中占据主角，但情况并非如此。由于信心不足，我们很早就失去了罗斯，当然到现在我仍然认为这是可以原谅的。谈到作者名声高于作品名声的情况，罗斯比梅勒尤甚，当他很有天赋的第一部小说《再见，哥伦布》横渡大西洋时，我们根本没有看到围绕着它的欲望阴霾，所以当时，没人怀疑我们收获了宝贵的财富。然后是《放手》[1]，我觉得这本书很棒，但我也同意安德烈的观点，这本书篇幅太长了，不仅是他所说的长了"三分之一"，就算缩减三分之一也还是太长。于是我们互相询问，是否应该向菲利普提出这个问题，然后得出一致结论，不行，因为太危险了。他的身边围绕着一群嗡嗡嗡嗡的声音，几乎每个人都追捧着他，要是惹恼了他，他肯定会在一瞬间消失。而且，不管怎样，要砍掉内容也不是件容易事，因为这书确实写得很棒，里面的每一条线索都贯穿始终。那部小说大部分由对话构成，我觉得菲利普擅写对话的才华已经冲昏了他的头脑：他太喜欢写对话，完全停不下来。所以我们就按原样接受了，结果，连预付款也没赚回来（想象一下几年后他对我说"《放手》的问题在于写得过长"时我的感受吧）。然后是一本名为《当她

---

1 原书名为 *Letting Go*。

很好》[1]的小说，从一个年轻的非犹太女性的视角讲述中西部的故事，在我看来那明显是菲利普第一任妻子的化身。我从来没和他谈过这本书，所以在这里只是说说我的感觉，我觉得"这本书是一次练习，他试图向自己证明，他并非仅能作为犹太人或作为男人来写作"。读这本书时，我不断告诉自己"必须赶紧有趣起来，必须"，但直到最后也没有趣事发生。

所以我们认为不能再"钱多了撑的"，需要精确预计销量再来确定给作者的预付款，我认为最多能卖4000册，但菲利普不接受。据我所知，《当她很好》并不成功。他写的下一部小说是《波特诺伊的怨诉》[2]。

这个空间代表了委婉的沉默

另一方面，尽管约翰·厄普代克从未成为明星，却也从未令人失望。从出版社的角度看，他是一位完美的优秀作家，了解自己的价值，同时对出版业

1　原书名为 *When She Was Good*。
2　《波特诺伊的怨诉》（*Portnoy's Complaint*），"美国文库"20世纪百佳，1923—2005 年《时代》周刊百佳，销量赶超《教父》的现象级畅销作品。

和图书销售的现实了如指掌。从个人的角度看，他是一个非常和蔼可亲的人，有趣、逗乐、不张扬，懂得保护自己的隐私又不得罪别人。我非常喜欢约翰，见到他总是很开心，对他有所保留的事情从不妄加猜测，所以关于他我无话可说，除了一个明显的事实：如果没有他，我们的出版社不会这么成功。

我在大罗素街最奇怪的经历发生在 20 世纪 80 年代中期，最终却并没有做成一本书。《观察家报》当时退休的编辑大卫·阿斯特和曾担任过监狱牧师并做过迈拉·希德莉[1]法律顾问的卫理公会牧师蒂姆斯先生，希望迈拉写自己在"沼泽谋杀案"中所担任角色的真实描述。蒂姆斯先生的动机是，作为基督徒，他相信通过忏悔可以得到救赎。他希望——正如一个处于他那个位置的男人所应该希望的——看到这个女人通过检视自己最黑暗的罪恶感来拯救她的灵魂。我不确定大卫·阿斯特是否在拯救灵魂方面的想法与他保持一致，但大卫相信，如果她能

---

[1] 迈拉·希德莉（Myra Hindley，1942—2002），因和爱人及同伙伊恩·布雷迪（Ian Brady）于 1963 年至 1965 年期间性侵、杀害五名未成年人而被定罪，该事件被称为"沼泽谋杀案"，于 2002 年在狱中病逝。

找到自己行为的真正根源，就能为社会学家和心理学家提供有价值的信息。在这两个男人的鼓动下，她写下了自己的童年，以及遇见伊恩·布雷迪、爱上他、开始和他一起生活的故事，但快写到谋杀案时，她卡壳了。她需要帮助。她需要一个编辑。

　　于是大卫·阿斯特邀请安德烈和我到他家去见见蒂姆斯先生，同时讨论此事。当时汤姆·罗森塔尔刚刚加入我们，还处于他收购我们出版社的第一阶段，他和安德烈正在联合管理期，所以他也知道这个提议。我们对这件事的反应很典型：汤姆的反应是直接而简单的，他不想和这个怪物女人有任何关系；安德烈觉得很不舒服，但很尊重这个建议，因为他非常钦佩大卫·阿斯特，觉得他的任何建议都必须认真对待；我的心情则是沮丧的同时混合着无法抑制的强烈好奇心。当我们和那两人讨论这件事时，我越来越确定我并不想做。但是，在阅读了他们说服她写的材料后，我准备将我的决定推迟到与她见面以后再做。她写的东西简单、聪明，清晰地表明了一个雄心勃勃、没受过多少教育、觉得自己比家里其他人有趣，却沮丧地无法找到任何证明自己的办法的十九岁女孩，根本不可能不回应她在工作场所遇到的那个男人。那个几乎看不上任何人的严肃内敛的男人，**选择了她**，向她介绍了她所认识的任何人都不知道的、尽管可怕却引人入胜的书，他还相信，必须超越那支配大多数人蝇营狗苟的琐碎思虑。很容易推导出的结果是，爱上那个男人的女孩很快就会开始感到拥有特权，并享受到通过蔑视普通人对行为的胆怯限制而获得的优越感。因此，当她遵循这一路线走到最后那骇人听闻的结果时，她根本无法面对，这一点并不奇怪。我不觉得有人能帮助她做到这一点，也不觉得任何人应该尝试帮助她。但要是有机会见见她，我还是愿意的。

蒂姆斯先生带我去了监狱，这是一座现代化监狱，四周不是高墙，而是高高的网状围栏，透过大小正常的窗户，能看见外面的草和树木。这地方唯一奇怪之处在于看不见其中的居民，没人穿过草坪，也没人从窗户探出身子。除了大卫·阿斯特、安德烈和汤姆之外，应该没人知道我在那里，但我进去了还不到十五分钟，一家报纸的代表（应该是邮报吧，我不太确定），就打电话给出版社的办公室，询问我们是否要和迈拉·希德莉签约一本书。后来有人告诉我，这类事情总是发生，无论希德莉被关押在哪里，似乎随时有人准备让媒体了解正在发生什么。对英国媒体来说，即使在惨案发生的二十二年之后，迈拉·希德莉仍然被看作"神圣的怪物"，她"尾巴"最轻微的抽动都会引发宗教仪式般的狂热。

我在一个房门敞开的小房间里和迈拉·希德莉待了大约一个小时，门外坐着个满脸写着无聊的女典狱官。如果我不知道对面的女人是谁，我会怎么看她呢？我应该会喜欢她吧，她很聪明、反应灵敏、幽默、有尊严。如果此刻有人告诉我，这个不知名的女人已经在监狱里待了二十二年，我会感到惊讶：身处如此境遇的一个人，为什么看起来完全没有久经监押的感觉？

当然，我们谈到了写作，她刚从开放大学获得了英语学位，还谈到了她皈依天主教的事。她谈起了被媒体一直盯着有多么可怕，缺乏智力对话的日子是多么无聊，谈起她所谓的"我的老男人们"，即朗福德勋爵、大卫·阿斯特和蒂姆斯，她显得轻浮而不是充满感激。开始时，她讲话的速度比平时稍慢，我有些怀疑她是否在服用镇静剂，蒂姆斯先生说确有其事，她本就应该服用。自从她同意与警方一起去沼泽，寻找布雷迪埋葬的一名从未找到过的受害者遗体时，她就应该按要求服用了。一个小时谈话结束时，她的语速已经很正常，我们能容易地持续交谈。我仍然喜欢她，但我非常确定不会做她的编辑。

理由有两个：首先，除了从事件里已经推断出的结果，我不相信这样的书能教给人们什么东西；此外，我也不相信强迫迈拉·希德莉写这本书能对她有所帮助。我不是蒂姆斯先生那样的信徒，所以无法了解她的灵魂。要想从罪恶中疗愈，我能从"理解所有就是原谅所有"的角度来设想，但这个女人，就算强迫她彻底承认自己的所作所为，我也不认为她能够获得原谅。当她做了那些事情后，并不像伊恩·布雷迪般最后精神失常，尽管她很年轻，但她不仅是个成年人，还是个聪明人。在我看来，有些极端的道德缺陷是无法原谅的，当施坦格尔面对有关自己的真相时，他说"我应该去死"是正确的，然后他有幸死了，当然这种结果是靠不住的。根据英国的法律，迈拉·希德莉被判与她的所作所为共存，然后她为自己精心设计了一种看似摇摇欲坠的生存方式：承认有罪，但通过夸大当年的自己太年轻，受到布雷迪影响并最终受其胁迫来模糊自己的罪行，并因此受到了关注。如果让她再次以正常成年人的身份去经历这些她曾经真实经历的谋杀，最后她说"我应该去死"
或完全崩溃，对我来说，倒也不是不可能。但社会
能得到什么？什么也没有。因此，如果我帮她撰写
了这本书，安德烈·多伊奇出版社出版了这本书，
我们就在如同跟自己都鄙视的地沟新闻般的、邪恶
的色情内容做交易。不，不能这么做。

我们大部分非虚构类作品都是安德烈访问纽约
的结果，如约翰·肯尼斯·加尔布雷思[1]的经济学书
籍，小阿瑟·施莱辛格[2]关于肯尼迪总统任期的书，约
瑟夫·P. 拉什[3]的两本关于罗斯福的书。他还收获了许
多出人意料的书籍，如埃里克·伯恩关于沟通分析的
书（即当时非常时髦的《人间游戏》[4]），乔治·普林

---

[1] 约翰·肯尼斯·加尔布雷思（John Kenneth Galbraith, 1908—2006），美
国著名经济学家，代表作《富裕社会》（*The Affluent Society*）。

[2] 小阿瑟·施莱辛格（Arthur Schlesinger, Jr, 1917—2007），美国最具声
望和争议的重量级历史学家、政治评论家，曾任哈佛大学历史系教授
和肯尼迪总统的特别助理。

[3] 约瑟夫·P. 拉什（Joseph P. Lash, 1909—1987），美国政治活动家、记
者、作家，埃莉诺·罗斯福（罗斯福总统的夫人）的密友，代表作传
记作品《埃莉诺和富兰克林》（*Eleanor and Franklin*）获普利策传记奖和美
国国家图书传记奖。

[4] 《人间游戏》（*Games People Play*），出版于 1964 年，人际关系心理学类
书籍，被认为是最早流行的心理学书籍之一，作者埃里克·伯恩（Eric
Berne, 1910—1970），出生于加拿大的精神病学家。

顿[1]关于自己在不同职业运动员各自的领域迎战他们的有趣故事，以及海莲·汉芙那本《查令十字街84号》，是她与一位伦敦书店店主的书信集，其创造的成功堪称奇迹。匆匆出版丹尼尔·孔-本迪[2]和贝尔纳黛特·德夫琳[3]的作品，是源于安德烈对世界上发生的任何偶然事件的快速反应；发现基塔·瑟伦利的书则是因为安德烈无法在读报纸的同时不问自己"这里面会有选题吗"；西蒙娜·德·波伏娃的书则来自安德烈与老朋友乔治·威登菲尔德的一时兴起，他们几乎每年见面都要讨论合作问题（比如共用一间仓库），但总是没有结果，只有一次神秘的例外，就是联合出版波伏娃的书。正是安德烈启动了《星期日泰晤士报》的"洞察力系列"中这些有趣又能盈利的书籍。

在 20 世纪 60 年代，哈罗德·埃文斯以《星期日泰晤士报》最鼓舞人心的年轻编辑而闻名，并将这份报纸带入了调查新闻的前沿。他的文学编辑伦

1　乔治·普林顿（George Plimpton，1927—2003），美国作家，《巴黎评论》的创办者之一。
2　丹尼尔·孔-本迪（Daniel Cohn-Bendit，1945—　　），犹太裔法德政治家。
3　贝尔纳黛特·德夫琳（Bernadette Devlin，1947—　　），爱尔兰民权运动领袖。

纳德·罗素是尼克的老朋友兼安德烈的新朋友。他于 1967 年某天打电话给安德烈，咨询该报刚收到的报价。当时"洞察力小组"正在调查"菲尔比间谍案"[1]，他们觉得能就此写本书，乔治·威登菲尔德愿意付 10000 英镑，他想问安德烈认为这个报价是否合适。"不，"安德烈说，"我给你 20000 英镑。"于是，"洞察力系列"就这样开始了。

我们对菲尔比有一种轻微的"此人属于我们"的感觉，因为他是在伯吉斯和麦克林[2]叛逃到苏联之后，同时他的间谍身份又尚未被揭露之前这一奇怪而不确定的阶段中被介绍给我们的。从 1949 年开始，菲尔比一直是在华盛顿工作的顶级英国秘密情报人员，与联邦调查局和中央情报局保持联络。他和同事伯吉斯一样，表面上都是英国特工而暗地里又都是苏联间谍，在华盛顿时，他甚至让伯吉斯和

---

1 20 世纪最大的间谍案之一。英国人哈罗德·菲尔比（Harold Philby，1912—1988），毕业于剑桥大学，1934 年在维也纳加入苏联情报机关成为情报员，1937 年打入英国秘密情报局，在英国新闻界承担多项重要工作，直到 1963 年身份暴露逃到莫斯科，在那里一直生活到 1988 年去世。他在近三十年中为苏联提供了大量重要情报，引起西方新闻界的轰动，被称为"20 世纪最可怕的间谍"。
2 指盖伊·伯吉斯和唐纳德·麦克林，与菲尔比同属于"剑桥五杰"，"剑桥五杰"指的是历史上最有名的五位出自剑桥的苏联情报局间谍。

他一起住。后来他被召回伦敦接受调查，尽管没有找到任何对他不利的证据，但他的上级非常不安，要求他辞职。之后不久，尼克的一个名叫汤米·哈里斯的朋友——也曾是英国特工，后来成为富有画商——找到并建议我们委托菲尔比写自己的人生经历，因为这个可怜的家伙现在丢了工作，身无分文，而且他辞职后流传的各种不公正谣言里，其实也没什么实质内容。汤米·哈里斯带他去见了尼克和安德烈，他们都觉得他和蔼可亲，令人难忘，这也是大多数见过他的人对他的印象，于是我们与他签约，同意先付一笔预付款，让他在写作期间维生。当然，他最后什么也没写成。我印象里最后是汤米·哈里斯归还了预付款，他说菲尔比之所以未能写成，是因为当他动起手来，才发现自己不是个作家。又过了五年，真正的理由浮出水面，原来这段时间他失踪去了苏联。虽然一个敬业的职业间谍很有可能过着充满欺骗的生活，只有通过不断实现特定目标，以及感觉到自己比敌人更聪明来获得回报，但真要去写一本书，累死累活夫编一个自己无法赋了其真正意义的故事，实际上应该极其无聊。只有菲尔比真实的内在显现出来，他才能够将自己认为的真实生活写出来。

其他五本"洞察力系列"书籍分别是：一本以尼克松为例对美国总统选举的详细分析，一本令人毛发倒竖的描写金融巨头伯纳德·康菲尔德的起落人生的书，一本关于 1973 年中东战争的概览，一本关于沙利度胺事件 [1] 的内幕，以及关于撒切尔、斯卡吉尔 [2] 和矿工故事的《罢工》（这是该系列的中后期作品，与之前的书籍相比较缺乏活力）。这些书全是由一群非常出色的记者以不同的组合方式共同写成，其中主要包括布鲁斯·佩奇、大卫·雷奇、菲利普·奈特利、刘易斯·切斯特、戈弗雷·霍奇森和查尔斯·罗。他们都是在《星期日泰晤士报》的一个办公室里进行创作，书中充满真实事件的震荡，很难想象他们是如何置身其中写出这些精准语句的。皮尔斯·伯内特为我们编辑了这些书，他告诉我，在他

1　世界药物史上最著名的药源性伤害事件。1957 年，沙利度胺片剂以商品名"反应停"（Contergan）作为新型镇静催眠类非处方药在德国上市，其广告语声称"安全无副作用，孕妇及儿童均可服用"，因此被广泛用于妊娠妇女的早孕反应。直到 1961 年，澳大利亚一位医生发现沙利度胺对灵长类动物有很强的致畸性，沙利度胺才从全球范围内紧急撤市，但已造成上万名新生儿患海豹肢畸形，以及不计其数的流产、早产和死胎现象。

2　亚瑟·斯卡吉尔（Arthur Scargill, 1938—　　），英国工会和政党领导人。他于 1981 年至 2000 年领导英国矿工工会。他任工会主席期间领导的 1984—1985 年英国矿工大罢工是英国工会与政治史上的一个关键事件。

漫长多样的出版生涯中，没有比这更有趣的经历了。

尽管安德烈有收集"方钉子"的"前科"，但更多时候他当然还是会选择"圆钉子"，皮尔斯可能就是其中最圆的一个。我认为他之所以被招进来，是安德烈阵发性地梦想将其虚幻的秩序和方法强加给编辑部的另一次尝试。但皮尔斯和我们在一起的日子里，一直就只扮演了一个编辑的角色，尽管如此，他的务实、敏锐及努力工作的惊人劲头很快就获得了安德烈的认可。除了给编辑部安个经理的梦想外，安德烈还一直酝酿着另一个梦想，那就是期望给自己找个得力的左右手，至少能承担部分计划、谈判和计算的工作，以减轻自己肩上的负担。他最近曾两次尝试从外面找人，但都没成功，而我们作为旁观者，几乎没人愿意为他的成功赌上哪怕一分钱。但现在他似乎突然明白，他所需要的人可能近在眼前。他犹豫了，事情似乎容易得让他感到不适，但随后他就做出了决定，于是，皮尔斯搬下楼，搬到安德烈办公室旁的小房间。这个终于出现的左膀右臂，可能是全伦敦最难对付的男人。

皮尔斯为我们做的最叹为观止的事，是他第一次访问纽约就带来了彼得·本奇利的《大白鲨》，他平时其实不太精通小说。从 1979 年到 1981 年，一份以他为标记的小书单出现在我们翼下，主要是心理学和社会学书籍。到了现在，他已经拥有了自己的奥拉姆出版社，他与比尔·麦克里迪（我们曾经的销售经理）和希拉·墨菲（我们曾经的宣传经理）一起经营，关注的范围更广，但仍然避开了小说，否则，它将最接近"多伊奇之子"，甚至比以我们的名字命名的出版社还要像。

*

在 20 世纪 60 年代，安德烈在非洲的冒险经历是我们非常重要的活动之一。1963 年我们曾发表了一份公告："我们自豪地宣布，我们正在与 AUP（非洲大学出版社，在拉各斯）密切合作。这是自由非洲的第一家本土出版社，该出版社刚刚于今年四月在拉各斯宣布成立。AUP 的出版物主要为了满足尼日利亚的大中学需求，因而大部分为教育类书籍，但同时也会有普通书籍清单，而这份清单上可能会吸引尼日利亚以外读者群的书籍，将由我们出版社同时出版。"两年后，针对肯尼亚的东非出版社，我们也发布了类似公告。这两家出版社都是由安德烈创办的，他在当地找到了资金和编辑委员会，还为每个出版社配置了经理。其结果是我们获得了一些优秀的非洲小说家，我自己最喜欢的是卡梅隆·多杜的《喋喋不休的男孩们》[1]和恩克·恩万克沃的《我的梅赛德斯比你的大》[2]，还有一些有关非洲政治和经济的很有见地的书籍，安德烈还享受了一些激动人心的旅行。其中一次恐怕有点兴奋过头，他在聚会上遇到一个非常诱人的年轻女人，于是打算带她去拉各斯附近美丽的海滩午夜漫步。俩人刚从他租的车里下来，安德烈就被两个带着长刀、衣衫褴褛的大个子按着跪倒在地，脸被按到了沙子里。他们撕开了安德烈的裤子口袋，去取他的钱包和车钥匙。这时要不是另一个衣衫褴褛的大个子男人从黑暗中现身干预，他很可能就受伤了。小偷逃跑了，年轻女人歇斯底里，而他们远离市中心，附近也没有电话机……安德烈只能让救他们的那个人带他们去最近

---

1 卡梅隆·多杜（Cameron Duodu, 1937— ），旅居英国的加纳小说家、记者、编辑，代表作为 1967 年出版的小说《喋喋不休的男孩们》（*The Gab Boys*）。

2 恩克·恩万克沃（Nkem Nwankwo, 1936—2001），尼日利亚小说家、诗人，小说《我的梅赛德斯比你的大》（*My Mercedes Is Bigger than Yours*）出版于 1975 年。

的警察局，但到了那里，他们全部被立即逮捕了，警察开始殴打那个可怜的救他们的人。安德烈花了四个小时才说服当局了解了事实真相，并安排自己搭车回城。他身无分文，想贿赂也没钱，也无法给救他的人任何酬谢金。第二天，他把酬金送到了警察局，但他也非常确定钱到不了救他的人手里。

不过，他在非洲的大部分经历都是愉快而富有成效的，对于他先人一步深入拓展新解放国家出版业的兴趣，我非常钦佩。我们行业中的大多数人都属于自由派，为顺从帝国权力感到内疚，并对随着战争结束英国开始放弃其所谓的海外"财产"而感到高兴。许多人真的很想听听那些国家的作家们在获得自由之后想发出的声音。因此，在20世纪50年代及60年代初的一段时间里，与年轻的白人相比，黑人作家的书或许更容易被伦敦的出版商接受，并在出版后获得良好评论。

当然，除了文学和政治兴趣外，还有其他因素在起作用。毕竟，世界上有大量的印度人、非洲人和西印度人，这些都是无法估量的潜在阅读群体。而当时除了印度可以小规模出版图书外，其他地方都无法自己出版。当然，没有哪个英国出版商会愚蠢到认为目前或几年内就能进入这个巨大而有潜力的市场，哪怕只是其中一小部分，但我们大多数人都觉得，在可预见的未来，情况会变得越来越容易。我们可以感觉到，自由就意味着进步，因此不管多缓慢，那里的市场肯定会扩大。因此一开始就能介入非洲的出版业不仅有趣，从长远来看，也必将被证明是正确的商业决策。有专门教育书籍清单的朗文出版社以及麦克米伦出版社，都非常明智地应对了这种情况，既对客户有所帮助，也给自己带来了利润。而在所有出版商里，安德烈的做法最为浪漫，他认为，与其向尼日利亚和肯尼亚提供英国出版的书籍，不如帮他们发展自己的出版业。因此我们就成为他创办的两家非洲出版社的股东，但并不是主要股东，他的股份对出版内容并没有发言权。这真是个慷慨的事业，有一段时间尽管粗糙，但也还能运作良好……

哎，可惜历史并没有留下多少痕迹，在有关非洲事务的非虚构类书籍中，尤其是法国农学家勒内·杜蒙[1]写的那些我们引以为豪的书中常闪现的明

1　勒内·杜蒙（René Dumont，1904—2001），法国农学工程师、社会学家和环境政治家，是最早使用"développement durable"（可持续发展）一词的人之一，被看作"法国绿党"的鼻祖。代表作《在非洲错误的开始》（*False Start in Africa*）。

智且雄辩的思想，都已经烟消云散了。坦桑尼亚的朱利叶斯·尼雷尔[1]曾为他政府的每一位官员订购了一本杜蒙写的《在非洲错误的开始》，说不定早就被扔进维多利亚湖了。在 60 年代，所有预见到杜蒙警告的危险不可避免的观点，都不仅是失败主义，而且是彻底错误的。

现在我很疑惑我们是否在内心深处真的期望历史发展得比实际的速度快，因为我们都是帝国崩溃的见证人，却从没有停下来思考为什么崩溃总是比建立的速度更快……还有，我们到底期望那个大陆上的众多部落社会建成什么样子？因为其中许多部落的根基或多或少已经因欧洲入侵而遭到了破坏。也许我们所关心的，就像美国对尼日利亚油井的投资，过去和现在，都只不过是新殖民主义的一个方面而已。

安德烈和皮尔斯（在一定程度上）主要负责处理非洲业务。我与非洲的唯一一次接触，是我们与东非出版社联合出版汤姆·姆博亚[2]的一本书时，当

---

1 朱利叶斯·尼雷尔（Julius Nyerere，1922—1999），坦桑尼亚建国后的第一任总统，执政超过二十五年。

2 汤姆·姆博亚（Tom Mboya，1930—1969），肯尼亚共和国的创始人之一。

时他为了新书发行来到伦敦。出于一些原因，安德烈无法去机场接他，但他觉得只派一辆豪华轿车去显得不怎么礼貌，于是安排我代替他去接机。我比他更清楚在一名肯尼亚 VIP 眼里，一名长相古板的中年妇女作为接机者的价值，但安德烈对我的顾虑不屑一顾，我只好屈服。结果从希思罗机场到姆博亚下榻酒店的路上比我预期的还不愉快。几乎全程，他和他的随从们都在用混合着大量窃笑的一种一听即知的即兴暗语来讨论，要如何以及在何处能找到可操的金发女郎。但这件小事并没有妨碍我为我们与非洲的联系感到高兴，我依然认为它为我们的业务增添了价值。

尽管我自己没去过非洲，但我去了加勒比，这是我职业生涯中唯一的"福利"，但因为非常隆重，所以我也不会抱怨。在我们的几位加勒比地区的作者中，有特立尼达和多巴哥（由两个岛屿组成的国家）的总理埃里克·威廉姆斯，他写了《资本主义与奴隶制度》以及《从哥伦布到卡斯特罗》。这类书必要的编辑咨询其实是可以简单地通过信件完成的，但安德烈是个喜欢收集免费赠品的人。他将旅行视为一种挑战，挑战的目的则是不用付钱就可以去他想去的目的地。必要时，他也会接受升舱而非免费飞行，如果他代人行事，甚至会接受邀请进入 VIP 休息室，但要是花公司的钱，连经济舱他都不愿经常批准。代人行事给他一种舒适的慷慨感，所以埃里克·威廉姆斯的校样一到，他就建议我带着校样去西班牙港。这让我大吃一惊，他还从埃里克那里搞来了免费贵宾休息室和头等舱待遇。为此，我不得不乘坐我能找到的最便宜的包机到达纽约（当时这可是一项相当复杂而冒险的业务），但从纽约到西班牙港，一路就有香槟相伴了。而且一旦抵达目的地，在与那个淡漠疏离、几乎全聋、唯一交流方式是演讲的人进行了短暂交谈后，我的日子就基本上是在度假了。

甚至假期的头几天都是免费的，因为我们正在为游客写一本介绍那个岛的书，多巴哥最大酒店的老板没弄清"出版"和"宣传"有什么不同，于是就邀请我下榻他们酒店。这是一家非常豪华的酒店，但入住的大多是老人。男人们整天在可爱的海滨沙丘球场打打高尔夫，女人们则坐在游泳池旁。距离他们一箭之遥便是美丽的大海，海面泛着祖母绿和浅蓝的波光，还有鹈鹕在上面捕鱼，但他们显然都对此无动于衷，菜单上宣传的"热带水果"，端上来却是葡萄柚。我沮丧地回到自己漂亮的房间，读到门后贴着的酒店价格表时，心情就更糟了。我当然知道我是作为客人入住的，但也确实没人明确说明过，"假如我不是应邀嘉宾可怎么办？"这个问题在我脑中一闪现，要真的不是，我就只能像个贫困的海员一样被丢人地运回国内了（小时候父亲曾告诉过我，领事馆对在国外没钱的人就是这样干的）。所以第二天一早，我怀着这种非理性的担忧穿过灌木丛，幸运地来到了多巴哥的公共海滩。

这是西班牙港政府在岛上投入的华而不实的支出。多巴哥四周都环绕着向所有人开放的美丽海滩，本来更该将钱花在诸如修路之类有用的事情上。根本就没人去公共海滩，它的经营者伯内特先生非常无聊，一看到我就迫不及待地邀请我去他的小办公室，在阳台上与他及其助手喝一杯。我跟他说起我对大酒店的担忧，问他："你确定岛上没有普通人住得起的酒店吗？"一阵短暂的沉默，两个人都避免眼神交流，这时我尴尬地想起，这里的人们口中的"普通人"，是用粗鲁方式表示"黑人"的意思。然后伯内特先生好心地按我的意图接受了这个词，回答说当然有，他的老朋友路易斯先生刚好打算在本周开个旅馆，他会立即带我去那里。

于是我就成了路易斯先生的"摩尔旅馆"的第一位客人，真像是个梦，一段轻巧得来的愉快经历：这里原来是一座庄园，位于一片美丽的土地上，经营严谨，价格也不贵。路易斯先生估算着来自美国的游客里很快就会有一些黑人或学校教师等，这些人希望得到舒适的安排，但也付不起愚蠢的高价，所以决定迎合他们的需求。我住在这里的第一周，唯一来拜访过的是他的邻居，黄昏时分到酒吧喝了一杯，这简直就和住在私人家里一样舒适，我从没像当时那样喜欢过酒店。

整个假期都非常愉快，不仅因为这是我初次认识热带海洋、海岸和森林美景，还因为我之前就已经从书本上对这个地方有了诸多了解。我当然一直都知道 V. S. 奈保尔和迈克·安东尼[1]写得有多好，但只有当我从飞机上走下来，踏入他们所写的世界，我才能明白好的写作能达到什么程度。有很多时刻，

1　迈克·安东尼（Michael Anthony，1932—2023），出生于特立尼达和多巴哥，西印度群岛作家，作品主要描写家乡特立尼达的家庭生活。

走在西班牙港的某条街上，或行驶在成片的甘蔗林之间或椰子树下崎岖不平的道路上，我会忽然感受到一阵难以理解的归家般的刺痛。这让整个旅程比通常的观光更加有趣、动人。在那之后，我总能找到我觉得加勒比地区非"人间天堂"的一面，但尽管它所面临的问题可能很可怕，这个地方依然非常宜人。

20世纪70年代，我们体验了一段奇怪的、最终以喜剧收场的经历，在外人眼里，我们被"时代生活"[1]接管了。当时"企业协同效应"这个词突然成为各大公司之间的主要话题，在某次纽约之行中，安德烈被说服，如果他将我们出版社的大量股份卖给那家公司，我们将受益匪浅。皮尔斯和我都觉得出售的比例应该在百分之四十左右，但我们其实从来都不知道到底卖了多少。这样做主要的，实际上也是唯一的理由，在于重要书籍的预付款已经开始飙升，超出了我们的能力范围，而有了"时代生活"作为合作伙伴，我们就能跟上企业协同这一潮流了。

---

1 时代生活（Time Life），是美国时代公司（Time Inc.）的图书营销部门，成立于1961年，名字取自时代公司的两大基石杂志《时代》（*Time*）和《生活》（*Life*）。

我出席了在伦敦的会议，两三个喜气洋洋的"时代生活"员工向我们的董事会解释了该计划的美妙之处，似乎将其描述成了为小型出版商的利益而成立的神秘慈善机构。有一次，我问了一个困惑已久的问题："那么对你们来说，参与到这里面有什么意义？"短暂的沉默，然后一阵柔和的嗡嗡声淹没了这个问题，我只能继续相信其实他们自己也不知道。这底下当然也可能隐藏着精明的掠夺性算计，但又似乎不太可能。会议结束后我问安德烈："他们会不会只是傻？"对此，他干脆利落地回答："就是。"我想他已经开始怀疑自己到底在干什么，只是暂时还没有看到退路而已。

那么，好吧，我们都这么想，也许我们可以通过他们获得一些重要的书籍，看起来他们似乎也没有伤害我们的意图，实际情况也是如此。我们确实通过他们得到了一本重要的书，即赫鲁晓夫[1]两卷本的回忆录，第一卷被评论家们满是狐疑地嗅了一番，然后下结论说这本书是中情局写的；而第二卷，"时代生活"声称经科学手段证明是货真价实的，但谁

---

[1] 赫鲁晓夫（Khrushchev，1894—1971），曾任苏联最高领导人。

在乎？他们没有干涉我们的任何出版计划，但就算如此，还是把安德烈给逼疯了。

以下是他们的做法：时不时给安德烈写信，要求他详细预测未来五年的出版计划。他们第一次要求时，他发了一封礼貌的答复，解释说我们这种出版社不是这样运作的，但渐渐地，他越来越愤怒。我还记得在纽约的某次聚会上，我们与"时代生活"的联系人把我拉到一边，请我让安德烈平静下来，并转达他的解释，说安德烈只需要发送一些数字，就能让那些人开心。那人并没有明确地说"数字合不合理其实没关系"，但他很清楚地暗示了这一点，于是我把这个信息带回了家……这让安德烈更加生气了。他生气的是他们的愚蠢，而不是他们的要求。我们的会计师菲利普·塔默（顺便说一下，他是有史以来最可爱、最善良、最耐心、最正直和最忠诚的会计师）曾这样写信给他们的会计师："我们在五年内要出版什么，取决于某些坐在阁楼里不知名的人们脑子里在想什么，而我们不知道那个阁楼的地址。"安德烈对"时代生活"的感受，与我对他唠叨编辑部缺乏管理方法时的感受，简直一模一样。

另一个引起他愤慨的原因是年会（还有十家左

右和我们类似的其他公司与"时代生活"有关）。在
20 世纪 70 年代，异国情调的销售年会非常流行，也
许现在情况仍然如此？办这些年会的理由是，款待
各公司的代表能提升士气。但这可不是我们出版社
任何人能认同的理念。我还记得有一次，我们"冒
险"去了里士满[1]郊外的一家酒吧，但通常年会结
束后，我们会去另一家便宜的餐厅吃晚饭，这顿饭
（如果安德烈想要多事）会提前预订好，所以没人会
因为出现了昂贵的烟熏三文鱼而傻眼（那些晚上通
常都很有趣）。因此，他参与这个联盟的第一年，就
必须去墨西哥参加一场金光闪闪的销售年会，这个
安排简直让安德烈出离愤怒。第二年，他们宣布销
售年会将在摩洛哥举行，他直接回复说自己不去了，
还给他们写了一封措辞严厉的信，说明所有公司代
表都和他一样，必须去参加法兰克福书展，所以销
售年会的时间和地点很明显应该是书展前的周末，
位于德国靠近法兰克福的某个地方。我能清楚地听
见谄媚的回信背后那些咬牙切齿的声音，回信写着
"您的回复正是我们期望从公司代表处获得的反馈"。

1　位于伦敦西南部，横跨泰晤士河，被视为名人聚居区。

　　每次年会之前，所有公司代表都必须想出十个出版项目（即十本书名），并将提纲发送到纽约，在那里汇集、印刷，再用厚皮革装订起来，每个代表一份，封面还烫金印着公司代表的名字，放在会议桌上。按需"想出来"的书是所有出版物中最无聊的了。一本真正有趣的书如果不是产生于作者的头脑，那么就只有两种可能，要么是由于强大的环境推动而产生的灵光，要么是由于某人持续的痴迷，直到遇到恰到好处的作者。值得一读的好书并不会来自人们的互相吹捧："这真是个好主意！"它只能来自对某事极其了解并对它有强烈感觉的人。这倒不是说一个有能力的雇佣文人无法按出版商的要求写出过得去的类似书籍，只是这么一来，这些书会更快地出现在滞销书书架上罢了。

　　所以我们互相询问："你觉得其他那些出版社代表的感觉和我们一样吗？"对这些年会，我们的感觉是绝望和粗俗的混合。在我们出版社，有个标签为"臭虫"的特殊文件，放在安德烈办公桌的抽屉底部，里面存放着多年来提交给我们的所有最令人震惊的选题集合，我现在又将它刨出来了……但最终清醒占了上风，我们草草写了两三个单调乏味的想法，我现在已经完全忘了是些什么。安德烈报告说，没人做得更好，所以其他人的感觉应该也差不多。

两年是安德烈对"时代生活"所能承受的极限，或许也是他们对他所能承受的极限。他从来没有透露过是谁先说的"结束吧"，也没有透露过他回购股份时到底损失了多少钱，但他那重获自由的喜悦是显而易见的。我曾想向他逼问细节，估计皮尔斯也一样，但这也太不友好了。因为愚蠢的，并不全是别人啊。

自从开始写我们在大罗素街那漫长而快乐的时光这一章，我花了好多时间来回忆同事、回忆作者、回忆图书……尤其是同事们。我觉得选择并擅长与书籍一起工作的人们就算并非一定讨人喜欢，但大部分人确实如此，如果在漫长的时间里每天看到他们，以各种方式与他们合作，他们就会逐渐变得越来越有魅力。他们成为我生活中令人愉悦的一部分。埃丝特·惠特比、伊尔莎·亚德利、帕梅拉·罗伊兹、佩妮·巴克兰、简·伯德、皮尔斯·伯内特、杰夫·塞恩斯、菲利普·塔默……我无法一一描述，如果不另外写一本书，我无法让他们在对其一无所知的人面前变得生动有趣，但我担心那样一本书超出了我的能力，所以我想，仅仅为了自己的乐趣，就让他们和其他事物一起，继续存活在我脑海里吧。我想说的是，为了自己的满足，我很高兴有他们在那里。

关于作者们，嗯，我将在本书的第二部分写一些。还有图书，但图书实在是太多了，而且，要是没有读过原书，没什么比读关于书的简介更无聊的事了。但说到这里，已经有两本书在我脑中浮现了出来，因为它们对我来说很有价值。这两本书都不是从事文学的人写的，销量一般，也不会被许多读者记住，但其非凡之处在于作者本身。

人们一遍又一遍地见证几乎完全被环境所塑造的生命：有些是被残酷的童年，有些是被腐败的社会（如弗朗茨·施坦格尔）。如果说环境塑造人是不可改变的规律，那我接下来要说的这两本书，分别是遭受严重打击本该毫无希望的男人和女人讲述的故事。他们不但在惊人的厄运和苦难中幸存，而且还过得非常成功。

第一本是莫里斯·斯托克（Morris Stock）的《父母未知：乌克兰童年》（*Parents Unknown: A Ukrainian*

Childhood）。莫里斯刚出生时，便被遗弃在乌克兰小镇的一座犹太教堂的台阶上，他在犹太社区里从一个寄养家庭流落到另一个寄养家庭，差点死在一对残暴夫妇的手里。要不是客栈外等候的马车上一个农妇发现了这个快冻死的小男孩，大惊小怪地叫了起来，他说不定已经死了。于是社区只好再次介入，将他送到一个谷物商人的手上，商人对他倒是很好，但非常严厉地鞭策他工作。他在那里几乎立刻得到了大家的喜爱和信任，不仅学习了阅读和写作，还掌握了工作技能，似乎一旦可以自由做自己，他就表现出了智慧、韧性和慷慨的一面。他在二十岁前就自己创业，娶了一生所爱的女孩，并决定搬到伦敦，在那里度过了余下的五十年繁荣岁月，培育了一个绽放才华和能力的家庭。当他年纪渐长，女儿说服他写出自己的故事，于是他充满激情地描写了自己的一生，这是个非常有魅力的老人，他内心的某些品质能够战胜可怕的命运。

达芙妮·安德森（Daphne Anderson）也是如此，她的书名叫《废物点心》（*The Toe-Rags*）。我遇到她时，她已经是一位退休将军的美丽妻子，住在诺福克，比我想象中的将军妻子阅读能力更强，兼具一种文雅的幽默感。令人震惊的是，这个女人曾经是个光着脚丫、腿上满是痂疮的小女孩，身上唯一的衣服是用装糖的大口袋做的，除了罗得西亚丛林以外一无所知，相对于英语，她的绍纳语（一种非洲语言）说得更好。她的父母是白人中最穷的，因为她的父亲非常愚蠢无能、脾气暴躁，完全以自我为中心，既不称职也没有责任心。他把她可怜的母亲和他们的三个孩子在灌木丛里一扔就几个月不管，一分钱也不给。她母亲靠着偶尔让身边的男人占点便宜勉勉强强过着日子，孩子们则由他们的绍纳仆人吉姆照顾（没有任何白人会穷得没有仆人，就像查尔斯·狄更斯的家人，因为欠债被关进监狱时还带着个小女仆呢）。吉姆不仅救了达芙妮的命，也拯救了她的精神，像一块善良理智的石头，让孩子们紧紧攀附着。

当一个体面男人要求达芙妮的母亲和他一起离开时，母亲毫不意外地同意了，并带走了自己的新生婴儿，但将其他三个孩子留下了，她相信他们的父亲第二天会出现。因为她觉得，如果没人了，他总该出面应付这种情况了吧。但他并没有出现，三天以后，家里就断了食物，吉姆只好将他们送到最近的警察局。他们从此再也没见过母亲，却不幸被送到了姑姑手中。她和自己的哥哥别无二致，唯一不同的是，虽然不会读书，她却具有一种冷酷无情的素质，并因此经营砖窑发了财。她收留孩子们，只是因为"要不然邻居们会怎么议论"，然后就拿他们撒气，把他们送到厨房干活儿。但在那里，他们又一次被一个非洲男人，也就是她的厨师给救了下来。他非常善良，教给了他们保持良好举止的所有常识及一种令人舒服的嘲讽态度。姑姑一直称呼他们为"废物点心"。

在达芙妮二十多岁之前，她的生命里所发生的，都是一长串贫困和令人不安的事件，其中只有一件好事：她被送到了教会学校。从一开始，这个孩子就抓住了她遇到的每一点滴的好，每一次人们对她的善良，每一个学习的时日，每一个区分粗与细、愚蠢与智慧、丑陋与美丽、卑鄙与慷慨的机会。尽管她也会为没钱付账单和没有像样的衣服而感到痛苦的尴尬，但学校对她来说依然是快乐的盛宴。当然，她并没有如很多遇到难以置信事件的人那般戏剧化地讲故事，而只是如实说出了所发生的一切，并对自己遇到的好运感到由衷欣喜。但读者能看到，这个本该受到重创的人内心深处如此强大,只要有一个最小的开口,就可以让她变得快乐和美好。

我爱这本书超过了莫里斯·斯托克写的那本,而且我喜欢这两本书的理由,都不是因为他们写得好(尽管从书写目的的角度,这两本书都写得足够好),而是因为这两个人。他们让我再次感受到书籍对我如此重要的核心原因,不是因为我自己感受到写作艺术的欢愉(尽管这也已经非常棒了),而是因为书本能带我远远超出自身经历的狭隘界限,极大地扩展我对生活复杂性的认识:它充满了黑暗,以及,感谢上帝,还有那一直艰难跋涉的光明。

11 ——

尽管从 1946 年到 1984 年,安德烈在办公室管理上的主要手段一直是威胁我们厄运即将来临,但厄运真正来临时,他却迟迟没有意识到。长期以来,他更愿意将公司的症状解释为"暂时的低迷"。

我们出版社的倒闭经历了一个缓慢的过程,主要由两件事共同促成:一是愿意阅读我们主要出版物的人数减少，二是经济衰退。

自从我们开始经营以来，书籍的发行成本一直在持续上升：最早是 8 先令 6 便士 [1] 一本小说，后来变成了 10 先令 6 便士，然后是 12 先令 6 便士，接着是 15 先令（这似乎是个特别令人震惊的跳跃），之后便快速突破了迄今为止难以想象的 1 英镑屏障。（如果此时某个巫婆告诉我们很快会涨到 8 英镑、10 英镑、12 英镑、15 英镑、20 英镑，而不是以先令计价，我们会怎么想？）每次涨价后，人们依然会买书，但这类人的数量并不多。只要有人说我们的书销量减少不是因为价格上涨，而是因为别的因素，安德烈就很不耐烦……一切确实变得更贵了，这就是生活，人们已经习惯了。可是在我看来，还有别的因素在起作用。除了我们，别人也做过多次尝试，也证明了这一点。我们还推出过"文学类"第一批小说的廉价版本，但价钱便宜也并没有卖得更好。

买书的人（不包括那种买实用性操作指南类图书的人们）分为两类。一类人买书是因为他们喜欢书籍，可以从书中得到点什么；还有一类人是将书

1　英国货币单位，1970 年之前，1 英镑 = 20 先令 = 240 便士。

籍当作众多娱乐方式的一种。第一类人规模较小，他们会不断阅读，就算不是永远，但在可预见的未来日子里，也会一直读下去；第二类人则还需要争取，畅销书就是因为这类人而出现的，只是因为有人说某本书很特别就能引发风潮，但这同时会让出版商很头疼，因为读者会变得越来越难争取和讨好。

布克奖就是考虑到第二类人的需求于1969年发起的。它通过给一本书颁发令人印象深刻的奖金来提高图书类新闻的质量，普通读者们则张耳细听。它对提名的书籍销量有一定作用，但一直以来的期望其实是，人们在购买了头几名获奖书籍之后，会"转而"购买其他普通书籍，然而并没有任何迹象表明这一期望得以达成。还有一种试图激发更广泛公众意识的努力，如推出"读书最棒"这类口号，到了现在，人们依然可以看到书商赠送的手提袋上印着此类信息，但这种广告，不感兴趣的人根本就视而不见。

情况正在缓慢地变化着，以至于在尚未察觉之时，第二类人就已经漂浮到另一个世界了。几代人慢慢成长，发现图像比文字更有意思，在计算机空间漫游比用手指翻书更令人兴奋。当然，他们中的很多人仍在阅读，但人数已越来越少，越来越没人愿意费心去挖掘一本哪怕只有点滴阻力的书。尽管我们可能会觉得这些人愚蠢，但他们其实并不比我们更愚蠢，他们只不过在享受不同的事物罢了。尽管与我们类似的出版商会继续与第一类人保持愉快的关系，并在整个 20 世纪 70 年代也经常与第二类人打得火热，但出版商认为有趣的内容与更广泛的公众认为有趣的内容之间，差距一直在扩大。

当然，进入 20 世纪 80 年代时，我曾觉得我们应该对此做点什么。看看 30 年代的艾伦·莱恩[1]，他就想出了企鹅出版社的点子，那不也是为了满足需求而进行的出版革命吗……我们就不能以不同的方式做点儿类似的事儿吗？皮尔斯和我偶尔会讨论一下（安德烈则从不会为这种无谓的推测而烦恼），但始终没有取得任何进展。皮尔斯认为我们应该减少小说，寻找必要的、严肃的非虚构类出版物，他说得对，但知易行难。我的大脑则一片空白，我太固执于自我的方式，不想做出任何改变，

---

[1] 艾伦·莱恩（Allen Lane，1902—1970），20 世纪最著名、最重要的出版人之一。1935 年，他创立的企鹅出版社尝试以用一包烟的价格将经典书籍出售给千百万普通民众，由此开启了世界出版史的一次重大革命。

这是我的问题。我们一直在出版自己喜欢的图书，想到改成任何其他类型的书，就觉得可怕。所以我们还是谈点别的吧……这一定或多或少也是安德烈在烦躁中的感受。

与此同时，经济衰退正在逼近。当爱德华·希思[1]宣布一周只工作三天时，我第一次觉得脊背发凉。我们真的衰退了，我想，一个曾经是庞大帝国中心的国家，现在变成了欧洲海岸之外的一个小岛，人们还能期待什么呢？我们能低价买入、高价卖出的日子已经一去不复返了，别人要来卡住我们市场的脖子了……也许这场危机会过去，但如果以为未来一定会更好，则是愚蠢的。

那种感觉与"二战"前的某些时刻非常相似，当人们突然看到将要发生的事情时，第一反应就是和我当时一样：闭上眼睛，想点别的事。毕竟，安德烈总说我爱夸张，而且他在经济问题上比我懂得多……我成功地将自己的思绪从沮丧的前景中转移开来，所以 70 年代余下的日子以及 80 年代初，我过得非常愉快。不过，宣布经济衰退来临时，我可一

---

1 爱德华·希思（Edward Heath，1916—2005），1970 年至 1974 年间出任英国首相。

点儿也没感到惊讶。

安德烈很少谈论出售公司的事。早在80年代，我就知道，他正三心二意地四处寻找报价，而且一如既往地说明了自己的理由——"已经没什么意思了"，他是这样说的。

确实不再有意思。他再也无法在"大书"上做出那些激动人心的举措，因为那些集团公司的出价总能超过我们，而我们一直擅长的"文学类"书籍……好吧，当一份稿子来到我的桌上，我开始希望它很糟糕。如果它很糟糕，扔出去就好，不必麻烦。但如果还不错，那么下次编辑会议上我们就必须问自己："能卖多少册？"诚实的答案可能是，"大约800册"，那么，我们要么不得不内心痛苦地拒绝一些好作品，要么自欺欺人地出版一些亏本的东西。在那些年里，我们仍然推出过一些好作品，嗯，还不少呢，安德烈通过小心翼翼的吝啬才让出版社刚刚维持盈利，最后他终于将它卖了。当然，我们80年代的书单上也有些令人尴尬的书（虽然我可以很高兴地说，还没到丢脸的地步），很明显，我们试图找到一些"商业上可行"的东西，但结果只证明了我们在这方面并不擅长。开编辑会议时，安德烈已经开始打瞌睡了。

当他从一年一度的美国图书贸易会回来，宣布找到了收购我们公司的合适人选，我大吃一惊。

"是谁？"

"汤姆·罗森塔尔。"

"你疯了吗？"

这种反应并不是出于我自己的个人恩怨，我只是偶尔在聚会上瞥见过汤姆一两眼，主要是因为安德烈似乎一直不怎么喜欢他。汤姆从 1959 年在泰晤士和哈德逊出版社[1]工作开始进入出版业，专门从事艺术类书籍出版，我不知道他为何在 1970 年离开了这家出版社。可能是由于他被更偏文学类的图书出版所吸引，因为他的下一份工作从 1971 年开始，是在赛克尔和瓦尔堡出版社[2]担任董事总经理。在这两份工作之间的短暂间隙，他萌生了创立自己的图书

1　泰晤士和哈德逊出版社（Thames & Hudson），1949 年创立，总部位于伦敦，在纽约设有姊妹公司，主要出版视觉创意类的插图书籍。
2　赛克尔和瓦尔堡出版社（Secker & Warburg），成立于 1936 年，旗下作家有乔治·奥威尔、D. H. 劳伦斯等。1951 年，该公司成为海涅曼出版集团（Heinemann）的子公司，2005 年与哈维尔出版社（Harvill Press）合并，成为哈维尔·赛克尔出版社（Harvill Secker），现在是兰登书屋集团的一部分。

产品线的想法，并因此拜访了安德烈，讨论过在我们的羽翼下做这事的可能性。就是那个时候，安德烈表现得很粗鲁，并不是对他态度粗鲁，而是说起他就显得粗鲁。好像仅仅因为他们本性不同，就让他感到厌烦。

安德烈长得短小精悍，而汤姆是个大个子，和许多留胡子的男人一样，尽管头发并不浓密，看起来却有点乱蓬蓬的。安德烈是个精准自信的推动者，汤姆却粗心大意、笨手笨脚，根本不相信自己能推动什么。安德烈虽然不拘谨，但说起话来更接近于一丝不苟，并不粗鲁，而汤姆显然喜欢发脾气。最重要的是，安德烈憎恶奢侈，汤姆却乐在其中。他们的兴趣也大不相同，安德烈在工作之外没有太多乐趣，只喜欢看戏（他从未错过任何一部好评如潮的西区戏剧，还常常去边缘艺术节这些地方探险）和滑雪。而汤姆，除了为保持健康而每天游泳之外完全不运动（他的背部曾在一次交通事故中严重受损），更喜欢歌剧而不是戏剧，花很多时间和精力收集初版书，还拥有令人印象深刻的油画藏品，但安德烈觉得其中很多都很难看。他们简直天生就不对付。

但现在安德烈"需要"有人来收购我们的出版社，所以当1972年成为海涅曼出版集团[1]董事的汤姆告诉他，自己厌倦了管理工作，渴望重新回到亲历亲为的图书出版工作时，安德烈突然意识到自己之前错看了他，这个出色的出版商超出所有人的期待，而且最重要的是，他和我们是一类人，因此绝不会把我们的出版社变成别的什么……事实最后证明，这个"最重要的"一点，正好准确地说明了汤姆不是正确人选的理由。但我不知道为什么，我们对这个真相视而不见，明明当时我们大多数人心里都清楚，出版社需要改变。

谈判在阿诺德·古德曼勋爵（无处不在的问题解决者和润滑剂）的指导下持续了很长时间，安德烈从未告诉任何人汤姆为此付了多少钱，但我们都知道将分两个阶段付款。支付了第一部分钱款后，汤姆将作为联合董事总经理进入出版社与安德烈一同管理；两三年后，支付第二笔款项，这时他会成为唯一的董事总经理，安德烈则保留一个主席头衔，如果他愿意，可以继续在办公室保留一个房间，但

1　海涅曼出版集团（William Heinemann Ltd.），1890年创立于伦敦的出版公司。

不再对出版事务有任何发言权。我记得安德烈曾告诉过我："上周阿诺德要我必须记住，现在协议已经签署，公司不再是我的了。他一定认为我很傻，我当然知道。"

但是，哎，哎！他显然不知道啊。

汤姆提了个明智的建议：将我们的作者分组，由他俩分别管理，每个人对自己那组作者负责，不干预其他。安德烈倒是同意了，却无法做到。他会一遍遍拿起内部电话，或更糟，直接走进汤姆的房间，说出如下的话："如果你想把某本书的德国版权卖给菲舍尔出版社，需要我给某人留言吗？"刚开始汤姆很客气："那真是太好了，但我已经跟对方说完了。"但他是个暴脾气，没过多久就发飙了……又没过多久，就开始大喊大叫了。于是安德烈走进我的房间，抱怨说："汤姆对我大喊大叫！"我了解完事件的细节，告诉他是他多管闲事汤姆才抓狂，全是他的错。他就会更加哀怨地带着哭腔说："但我只是想帮忙啊！"

"好吧，看在上帝的分儿上，别再帮了。你知道这没有任何好处……他也没对你这么做。"但几天后，类似剧情会再次上演。

安德烈的痛苦逐渐变成了愤怒。他开始认为汤姆做的每一件事几乎都是错的，无休无止地抱怨。开始是对我，然后是对办公室里和他抱怨的事情相关的其他人，然后是每个人，在会计部、印制部，甚至总机接线员那里历数汤姆的罪过。这里每个人都喜欢安德烈，都很理解他失去了这家长久以来对他意义重大的公司的心情。但渐渐地，人们开始为他的行为感到尴尬，并逐渐失去了同情。魁梧、虚张声势、胡子拉碴的汤姆并不敏感（他甚至在自己吹嘘很多事的时候还要强调没在吹嘘），而且行事铺张，所以人们一直对他有所保留，但即使如此，大家也觉得这样针对他是不对的。事实上，他上任的这段时间，已经让大家打起了精神。如果有人大声说："我不是自夸，但我做生意真的很厉害。"人们往往会相信，因为很难相信若非事实，一个人会如此愚蠢地这么说。至少我倾向于相信吧，所以认为其他人也会如此。汤姆喜欢大胆而更重品质的思考，因此假如你对他说，某本书最好有 16 页插图，甚至 32 页，远远超过安德烈在万不得已的情况下才勉强允许的 8 页，汤姆会说："亲爱的姑娘，需要几页就用几页吧。"这种回答非常令人振奋。而且，他也带来了一些有趣的书，特别是大卫·凯恩斯[1]的柏辽兹传记第一卷，还有一些重要的作者，包括埃利亚斯·卡内蒂[2]和戈尔·维达尔[3]。所以在那一年前后，考虑到他作为商人的才能，我们相信他能振兴公司。你不必特别被他本人吸引便会为此而高兴，也会为安德烈此刻把战场开辟到办公室之外而感到震惊。有一段时间，我希望安德烈仅仅是向老朋友们倾诉自己的不满，但事情愈演愈烈，他不断地向他遇到的每个人抱怨。

然后，《独立报》上出现了一篇有关此情况的重要专题文章，完全从安德烈的角度讲述，非常扭曲，让汤姆看起来既愚蠢又令人生厌，就连插图都是扭曲的，安德烈看起来年轻英俊，而汤姆在这张不可原谅的照片中看起来异常怪诞丑陋。汤姆确信这篇文章一定来自对安德烈的采访，也没人可以否认，

1　大卫·凯恩斯（David Cairns），《星期日泰晤士报》和《旁观者》的首席乐评人。他所撰写的两卷本柏辽兹传记是柏辽兹研究中的权威性著作，并且获得了惠布瑞特传记奖、非虚构类年度图书奖塞缪尔·约翰逊奖，以及皇家爱乐协会奖。

2　埃利亚斯·卡内蒂（Elias Canetti，1905—1994），英籍犹太人作家、评论家、社会学家和剧作家，1981年获得诺贝尔文学奖。

3　戈尔·维达尔（Gore Vidal，1925—2012），美国小说家，剧作家和散文家。

因为它确实以非凡的保真度代表了他的观点和情感。直到现在，我也没法因为汤姆的愤怒而责怪汤姆，他们已经很长时间彼此不说话了。汤姆禁止安德烈再次踏入办公室，但不得不遵守继续为他保留一间办公室的协议。除此之外他还能做什么呢？

有人跟我说，我曾经在给朋友们写的有趣信件里说起过这一切，事实上，还真的有一位朋友因为这些信有趣而一直保留着。但现在回想起来，这件事远非有趣能够形容。很明显，安德烈被迫离开出版社后不久，健康就开始逐渐恶化，现在想想，我觉得早在几年前就开始了，甚至在卖掉公司之前，追溯到我们第一次发现他在编辑会议上睡着之时。他之前总是为自己的健康状况大呼小叫（几乎可以肯定，如果你想告诉他你患了"流感"，他一定会在你面前提前做出一副心绞痛的样子），所以我早就习惯于无视他对健康的抱怨……但这次他否认自己有任何问题，所以即便我们所有人都觉得，安德烈针对他自己选择的这个人发动的这场丑陋而可悲的战斗实在有些不对头，我们也无能为力。

我在安德烈·多伊奇出版社的股份很少，所以出售公司我也没有赚得多少钱，也几乎没有其他收入，因此当汤姆告诉我他接手后，只要我愿意继续按原来的薪水工作，爱干多久就干多久，他都会很高兴时，我非常感激。那时我已经七十岁了，当然直到八十岁我才开始觉得自己像个老太婆。尽管我精神还不错，但我本来就觉得自己不算绝佳的文字编辑（如挑出拼写错误等），现在就更觉得自己简直称得上是糟糕了，尤其是读到自己曾经审读过的书，却发现错漏了很多东西的时候。因此，我觉得自己没有达到应有的价值，在更广的层面……好吧，我仍然确信自己能分辨写作的好坏，但我是否还能判断出孙辈的孩子们（如果我有的话）想买什么书吗？不，我不可能比汤姆更能干。我们经常喜欢同样的书，其中包括皮特·戴维斯的《最后的选举》、博曼·德赛的《大象的记忆》、大卫·古尔的《魔戒大师》、洛伦斯·维拉隆加的《玩偶的房间》、克里斯·威尔逊的《蓝玻璃》，这些书各有千秋，但我仍然准备发誓说，它们全是好书，可惜全都不赚钱。所以我无法以这种方式做出任何贡献。朋友们说"他付你的钱太少了"，但我不觉得，我认为我还能挣钱就已经很幸运了，虽然这份工作"不再有趣",但情况也可能更糟。

很快就发生了三件令人沮丧的事,首先是汤姆卖掉了我们出版社的全部档案;其次他卖掉了儿童读物业务;然后他裁减了仓储和销售,并把所有出版运营工作交给了格兰兹出版社[1]。

处理掉那堆小山一样难对付的旧文件,我感到一种锐利的伤感,我们当然保留了合同等重要文件的副本,也从没因为缺少其他文件而受到任何实质性影响,但这件事确实给了我一种非常不舒服的感觉。一个没有档案的出版社,听起来就很粗糙,就像一间没有防水层的平房。而且,卖档案的钱又去了哪里?在出售儿童读物时,这个问题更加明显,因为他获得了 100 万英镑。我们本来都以为,汤姆曾可能需要大量借款才能买下我们公司,现在,他是为了还债而一点点卖掉我们。当然,他完全有权这么做,如果他愿意,把钱花在妓女或马球小马上也没有问题。但他给我们的印象是,他出售儿童读物业务是为了让公司重回正轨,但显然并没有发生。幸运的是,帕梅拉·罗伊兹和她用爱心和不懈努

1　格兰兹出版社（Gollancz），1927 年创立于英国的一家出版社，主要出版方向为科幻、奇幻类作品。

力（此外，还是我们屋檐下最赚钱的业务！）一手建立起来的作者资源库历经变化依然发展良好，收购它们的学者出版社是一家很有前途的专门从事儿童读物的出版社，拥有一流的销售团队。帕梅拉跟我们说，经历了过去几年在多伊奇的压抑气氛后，能呼吸这样令人振奋的空气真是太好了。但对我们来说……就像砍断一只手，保证说能让身体其余部分神奇般地强大，结果呢，发现自己依然像以前一样摇摇欲坠，还少了一只手。

至于失去对销售部门的控制……汤姆肯定知道，无论意图多好，也没人能像推销自己的产品那样努力地推销别人的产品吧？他肯定知道，这一招就是结束的开始吧？每次问他情况如何，他就回答"只要不是为吸血银行干就行"。从中我们得出结论，银行早就纵容我们巨额透支，现在他则必须偿还，否则就完了！

情况确实如此，很快就有一个银行的人来参加我们的会议，然后又发生了很多小打小闹的事件，比如有人离职却再没有招人填补，比如因为无法支付印刷费而推迟书籍出版，比如因担心丢脸而撒谎……回忆那段时光真是令人沮丧，详细描述也毫无意义。归根结底，汤姆自称是一个该死的"好商人"就是胡说八道，因为以当时的情况，任何好商人都不会接手我们公司，然后想象能继续照原样经营下去。这是个幻想，他很幸运终于摆脱了它，找到了愿意购买这家公司的人，我估计是连公司名字和房产一起购买。对一个无法轻易承认甚至讨论失败的人来说，这种经历一定非常痛苦。

在最后的两年，我不允许自己去想有多痛恨这种生活。我被马上就要过上没薪水的日子吓坏了，就像一只被画出的粉笔线压住喙的鸡一样，完全被恐惧催眠了，每天都想着要尽量继续工作。然后发生了一些非常小的事情，让我的喙突然能够从被画出的线上抬起，这时我想："这太荒谬了，我没必要继续这样吧。"在我的心中，高兴和更加恐慌交织在一起。我完全没想到自己会成为那种退休后发现自己不知所措的人，我当然会有一个伴侣，一个喜欢的地方，有很多事要做，但整个成年岁月，我的日子全是围绕着工作安排的。此刻获得自由，最开始的感觉很奇怪，我甚至有一次在凌晨三点焦虑发作，想着："这就像站在悬崖边，看着冷风吹起了裙子！"

我努力不想承认自己有多悲惨时，却忽略了自己其实早就有多么筋疲力尽的事实，终于我发现，根本没什么冷风嘛！退休后醒来的第一个早晨，我第一个涌上心头的想法竟然是："我真的很开心！"不仅开心，还觉得自己年轻了十岁。与其为我的出版岁月结束而难过，倒不如说是"感谢上帝，感谢上帝，终于摆脱了"。然后，渐渐地，情况越来越好，因为时间越久，办公室里最后那些悲伤的岁月就越不重要，而我也越发意识到，自己在那之前的岁月有多么幸运。

Part 2 第 二 部 分

1962 年，关于出版商和作者的关系，我写下过这样的描述，我当时确实是这么想的：

　　相处其实很容易，因为出版商通常只在读完作者所写的作品之后才与他们见面，如果认为作品不错，那么即将从门口走进来的人长什么样子并不重要。出版商对作品颇感满意，作家对自己的作品能引起他人兴趣也颇感满意，除此之外，双方都没有义务努力建立亲密的私人关系。这是一个温暖又不苛求的开端，如果真的由此开出了喜欢的花朵，也是一种自然的发展。

情况确实如此，但也仅限于此。从事这一行十六年之后，我这个想法依然没有改变，对此我有些吃惊，甚至有些感动，因为尽管开始时，相处几乎总是很容易，但从头到尾看下来，往往并非如此。我现在想说的是，出版商和作家之间的友谊，恰当地说，嗯，并非不可能，但确实很罕见。

因为作者想接触的人其实是读者，如果他能与读者直接交谈，不需要中间人，他一定会选择这么做。出版商之所以存在，只是因为想把某人写下的文字变成一本书（或更确切地说，变成几千本书）是一项复杂而昂贵的工作，书印刷出来后，还要分发给书商和图书馆。从作者的观点来看，这是多么屈辱的必然，那些对他来说可能比任何事物都重要的东西，他耗尽心力花了好几个月，有时还带着极大痛苦和焦虑才创造出来的东西，如果不能找到一个中间人赋予它物质形态（这个中间人还要分享其收入），那它的生命就可能会被剥夺。毫无疑问，所有作者从理智上都知道，出版商在他们的书上投入了大量资金和工作，理应获得合理利润。但我敢肯定，几乎所有作者心里都觉得，无论他们的书挣了多少钱，都应该完完全全属于自己。

因此，这段关系并不像我曾想象的那么容易。如果出版商认为自己找到了一位真正优秀的作家，能够从其作品中获得真正的乐趣，那么事情会这样发展：出版商会对这个作者感到钦佩，对他的天性感兴趣，会关心他的福利，这些都可以成为友谊的组成部分。可以毫不夸张地说，如果能获得此人的友谊作为回报，出版商应该觉得很荣幸，因为对某人工作能力的钦佩通常能激起强烈的感情。但即便如此，在出版商的关心里，还是会有一部分像个房地产投资人，这部分有多大，取决于出版商是什么样的人。对某些人来说，这部分占绝对优势；对我来说，因为我是个无用的商人，所以这一块确实很小，但也不能说从来不存在。因此，即使只看关系的一面，也存在潜在的复杂性；如果还要从另一面看，情况就更加复杂。

在作者看来，由出版商的热情激发的喜欢很可能是温暖的，但只有当他认为出版商做得很好，让这本书看起来讨人喜欢，而且卖了足够多的数量时，这种喜欢才会继续，但作者心里想的"足够"未必总和出版商想的一致。即使出版商做得非常好，在他们眼中，这本书仍然不过是众多书籍之一，而且还仅就他的市场经验而言；但作者考虑的，只有这本世界上唯一重要的书。

当然，作者的态度各不相同。我认识的相当一部分作者，在薄薄的礼貌外壳下，是以男人看待裁缝的方式看待自己的出版商的：就是个工作干得还不错的令人愉快的人，允许一定程度的亲密感，因为裁缝必须了解某些事，比如大腿内侧的尺寸，以及是"放左边还是右边"，等等，但他们绝不会请自己的裁缝吃饭（这类作家很容易合作，但你不会喜欢他们）。我还认识另外一些作者，他们对出版商的依赖就像青少年网球明星依赖自己的父母（非常无聊）。但总的来说，作者也希望能喜欢自己的出版商，如果可以的话，这种喜欢也能持续多年；但如果出版商表现糟糕，或发生了任何事导致这段关系终止，作者也只会感到轻微的遗憾罢了。而如果一段关系的结束不能引发严重的个人情绪困扰，其实就不能称之为友谊。安德烈·多伊奇出版社的作者中，唯一称得上我真正朋友的人，还是在他去了其他出版社之后，我们的友谊才开始的。

这倒并不是说我对"我的"某些作者的兴趣少于其他作者，没有更仔细地观察他们，更深入地揣测他们，或怀着更开心或忧虑的心情对他们保持着好奇。但其中确实只有两个人真正对我的生活产生了影响（我写过关于这两人的书，即《葬礼之后》和《相信》[1]）。还有另外几位作者扩展了我的生活，这样的体验对我来说，就如同登山者面对不同的山

---

1 《葬礼之后》（*After a Funeral*）是关于埃及作家瓦吉·加利（Waguih Ghali，1927—1969）的一部作品，阿西尔与其是亲密的朋友，瓦吉·加利在 1969 年吞安眠药自杀前一直住在阿西尔家里；《相信》（*Make Believe*）是关于美国作家哈基姆·贾马尔（Hakim Jamal，1931—1973）的作品，阿西尔曾与他有过一段恋人关系。

脉，或垂钓者面对不同的河流。本书的第二部分就是关于六位这样的杰出人物的故事。

莫迪凯·里奇勒[1]和布莱恩·摩尔

几天前，我又重读了一遍《杂技演员》这本书，这是我们于1954年出版的莫迪凯·里奇勒的第一部小说。我已经四十五年没再读它了。"谈谈年轻人的书吧！"我对自己说，"我们接受这本书的理由到底是什么？"因为这本书其实写得很不怎么样，但在它的笨拙里，能感觉到作者的某些天性在挣扎。我们当时正在建立自己的作者资源库，迫切需要新的、有前途的年轻作者。我必须说，对安德烈和我能从中分辨出支撑全书的严肃和诚实（但完全没体会出丝毫智慧），我应该表示祝贺；而他最终成为一个作家所带来的回报，也完全是我们应得的。

莫迪凯本人在当时就给人一种神秘的感觉。从

1　莫迪凯·里奇勒（Mordecai Richler，1931—2001），加拿大作家，代表作《达迪·克拉维茨的学徒生涯》（*The Apprenticeship of Duddy Kravitz*），曾两次入围布克奖。

见到他的那一刻起，我就非常喜欢他，但又不时会问自己为什么，因为他几乎不说话，我就没见过像他当时那样完全不擅长闲聊的人。如果一个人几乎从不说一句话，你怎么能说他是个慷慨、善良、诚实又有趣的人呢？我到现在也没弄明白，但确实如此，我一直确信他就是这样的，而且很快就发现，除非他有话要说，否则他就不会搭腔，这就是让我如此喜欢他的部分原因。他是我能想象到的最不虚伪的人，到今天仍然如此（当然他已经变得更善于说话了）。

他以及他介绍给我认识的布莱恩·摩尔，是我在写前面几页的乐观段落时想到的作家。那时我已经三十七岁了，但战争对时间的影响，就像括号对文本的影响一样，当一个人恢复正常生活时，有时候感觉就像是中断之前的延续，所以即使带着战争的伤痕，你还是会突然觉得自己比实际年龄年轻。当那两个人在我们的作者资源库以及在我的生活里新鲜出炉时，日子正充满了惊奇、娱乐和欢愉的味道。到现在，从历史的角度来回溯，这种感觉似乎很奇怪，但确实非常愉快。当然，那时我已经遇到过一些令我钦佩的作者，但这两位是我最早当成朋友来看待的好作者，此外还是我非常喜欢却没有与之发生性关系的男人（虽然我当时并没有注意到这一点）。我们的关系取决于他们的写作——这对他们来说比其他任何事情都重要，而这恰好也是我最感兴趣的东西，就是这一点创造了我们关系里的温暖，所以才让缺乏性吸引力变得无关紧要。

尽管相对而言，我更喜欢莫迪凯，但更了解布莱恩，至少我是这么认为的。我不够了解莫迪凯，这一部分是因为我比莫迪凯年长，另一部分是因为莫迪凯沉默寡言，还有就是因为他身边的女人。他的第一任妻子结合了许多令人厌烦的性格和许多可爱的品质，因此对她的不耐烦不可避免地伴随着内疚感，这是一种不舒服的状态，所以我尽量少和他们在一起；他的第二任妻子弗洛伦斯又美得令人自惭形秽，我很高兴地说，现在，我已经能够透过她的美丽（当然是经久不衰的），看到她为什么至今依然是我认识的人中最受爱戴的女人，但在过去，莫迪凯宁愿消失在他与这个可爱之人的婚姻之中（只需要读读《巴尼的版本》——这是他最新的，在我看来也是最好的小说，就知道莫迪凯对一见钟情的理解是什么）。此外，他们还回了加拿大，这种距离上的疏远，让我们更倾向于认为他对于离开我们并不怎么介意。

在他离开之前，我很高兴看到他已经实至名归。他的第二和第三部小说都比第一部好，但也都因为一种青涩的正经感而显得不够有光彩，而在《达迪·克拉维茨的学徒生涯》这本书里，他突破了自我，使用粗鄙而机智的语言，将之前的拘谨严肃释放到了空气中，可以说是一种胜利。如果这情形是在他离开我们之后发生的，我会觉得难过，但实际情况刚好相反，所以我非常自豪。他和我们一起做的最后一本书（那是很久以后，他再次进入了我们的童书作者库）是《无与伦比的阿图克》，虽然稍微有点蛇尾，但大部分内容都非常有意思，现在读起来都能让我开怀大笑。所以他将快乐留在了身后。而且我完全理解他为什么要离开我们（这是对抗我内心苦涩的重要特效药），如果不这样做，我甚至会认为他傻。莫迪凯靠他的笔生活，有一个不断壮大的家庭需要供养，而正好有人准备付给他更多的钱。虽然我们有出版商跑马圈地的本能，但也知道自己并非最合适的出版商，这种自知的好处就是，你最关心的只有一点——是好书就应该出版。你自然希望出版商是自己，但如果是其他人，那也不是世界末日。

布莱恩·摩尔是莫迪凯介绍给我的，他说这位朋友写了本非常好的书，我们应该出版，但我也不能无视安德烈发现《朱迪斯·赫恩》的功劳。正如安德烈所记得的，在他访问纽约的最后一天，布莱恩在纽约的经纪人将这本书稿给了他。他在回家的航班上读了以后，立即决定必须出版。但我觉得他很可能和我一样，被莫迪凯推荐了以后，才要求看看书稿。但不管他有没有要求，他肯定一眼就认出了它的品质。当他把书稿交给我时，我已经听说了这本书并很想读一读，其出色之处让我有了双倍的愉悦——因为布莱恩是莫迪凯的朋友。他们两人在巴黎相识，莫迪凯是加拿大人，布莱恩是北爱尔兰人，他们一起在加拿大生活了一段时间，不过摩尔一家在认识我们后不久就搬到了纽约。

在布莱恩写《朱迪斯·赫恩》（后来改名为《朱迪斯·赫恩的孤寂情感》，以平装本发行并在美国出版）之前，他正拼命为自己拥有一个居所而打拼，他曾经用笔名写过几部惊悚小说，以袖珍本出版，他说这是他学习讲故事的很有用的学徒期，因为这种体裁的法则，是要求每页都必须有故事发生。但不管这种练习多么有用，也无法解释《朱迪斯·赫恩》的成功。这是他的第一本严肃书籍，已经展现出他完全掌握了所需的书写技巧和高度、以己推人的惊人能力，以及他独特的人生观——这是一种悲剧性的观点，即他不会对生活中的悲剧大惊小怪，而是接受它是我们所有人都必须面对的一部分生命结构。事实证明，他不仅无法写出烂书，而且他的大量作品里还有更多出色的书，但就我而言，还是认为《朱迪斯·赫恩》最为真实、感人。

当他于1955年为出版《朱迪斯·赫恩》来到伦敦时，其妻子杰姬并没有随行，她或许正忙着将全家搬去纽约。他长得有点出乎我的预料，但我立刻喜欢上了他：身材矮小、肥胖，脑袋圆圆的，鼻子尖尖的，像一只知更鸟，他那种缺乏起伏的阿尔斯特口音我还是第一次听到。他胖是因为患有溃疡，而当时流行的治疗方法是大量喝牛奶，当然也因为杰姬是个出色的厨师，她做的火腿，烤制之前会真的注入大量白兰地（成为我最沉痛的食物记忆之一），为此她还备有个专门的医用注射器。第一次见面，我请他去家里吃晚饭时，他很小心地对我解释说他对妻子很专一，这种防范措施让我有些想笑，因为既明智又略带喜剧色彩。

　　极少有男人会如此体贴地说明自己处于"请勿打扰"的状态（也许我这么说是在奉承他，说不定他并不是体贴，而可能只是一种清教徒式的胆怯。但我就是这么看的），一旦他确定我对他没有怀抱任何浪漫或掠夺性的幻想，友谊的大门便就此敞开。在我认识他和杰姬这一对儿之后，我们似乎就无话不谈。各种伟大的八卦，当我用"伟大"这个词儿，我想表达的就是"伟大"的意思，因为这是最高级、最纯粹的八卦：一种对人类行为饱含热情的兴趣，因幽默而点亮，超越了恶意。当然，我们经常谈论写作，包括他自己的以及别人的写作，最后还谈到了我的写作，但更多时候，我们会带着兴奋、敬畏、惊讶、恐惧或喜悦等种种心情，来谈论人们都干了些什么以及为什么这么干。我们贪婪地咀嚼着自己以及他人的生活。

　　除了在摩尔一家来英国时我会见到他们外（他们曾在切尔西¹租了一幢房子，客厅里挂着弗朗西斯·培根的画像），我还和他们在滨海自由城²度过

1　伦敦西部的一个区域，位于泰晤士河北岸。
2　法国南部阿尔卑斯省的一个市镇。

了半个假期（另一半在卡涅[1]度过），一起乘坐法兰西号横渡过大西洋，一起住在他们纽约的家里，还有两次住在他们在阿甘西特[2]的避暑别墅里。就是在滨海自由城，我听布莱恩说起了他搬到加拿大的故事。

　　这是个痛苦而浪漫的故事。战争结束后，布莱恩在联合国善后救济总署找到一份工作，这份工作将他带到波兰，在那里，他爱上了一个比他年长的女人（也可能是他先爱上了她，然后追随去了波兰）。这是一种狂野的激情，并不因她酗酒而减弱分毫。那次不幸的唯一影响是他为了跟上她的脚步，喝得远超自己的能力，他心怀恐惧地描述道，某次醒来，发现自己躺在旅馆卧室地板上自己的呕吐物里，不知今日何日，然后手脚并用地爬到浴室喝水，又因为水搅动了体内仍存的伏特加，再次醉倒，最后整整昏迷了两天。在那场艳遇里，除了零星闪过的幸福感，什么都没有，因为和她在一起时，他从来不知道自己和她的关系处于什么状态，或因为他醉后情绪波动，或因为她鄙视他痴述自己的惨状，

1　与滨海自由城同属滨海阿尔卑斯省。
2　阿甘西特海滩，位于纽约。

我不太能确定。他唯一能记得的是，那是一段痛苦的时光，但当她告诉他一切都结束了，并只身去了加拿大时，尽管他试图接受这个现实，却根本做不到。他又跟着她去了加拿大，但她根本不愿意见他。他说，他从此厌恶起了浪漫激情这些事情。

也因此，他与家乡阿尔斯特决裂，与他那相当传统的天主教家庭疏离（但从未决裂），这给了他面对自己小说里大量素材的必要角度。他并没有从一开始就从事严肃写作，最早去加拿大时，他曾依靠为报纸搞点校对工作来谋生，并在此期间遇到了记者杰姬。然后就是那些很有用的袖珍版惊悚小说，这些书一定赚了不少钱，因为当他有了足够的安全感，能安定下来写想写的书时，杰姬已经不用工作了。我第一次见到他们时，他们的儿子迈克尔大约两岁，尽管摩尔一家住的谈不上奢华，却也非常舒适。

他们给人的印象是非常般配的一对，就像广告上人们希望找到的那种讨人喜欢的、从不会向对方发脾气的另一半。他们和彼此的朋友相处良好，在书籍、绘画、家居用品、食物和饮料，当然还有八卦方面有着相同的品味。他们一起欢笑，一起爱护迈克尔，和他们在一起也非常愉快。我还记得自己试图比较出和他们两人谁在一起时更开心，结果势均力敌：和布莱恩一起聊聊写作会有额外的愉悦，他既朴实无华又非常认真；和杰姬一起聊聊女人八卦，也非常诚实有趣。我过去常常满心欢喜地期待着和他们会面。

我们出版了布莱恩的五本书：1955 年的《朱迪斯·赫恩》，1958 年的《牧神节》，1960 年的《金杰·科菲的运气》，1963 年的《来自地狱边缘的回答》，最后还有 1966 年的《冰激凌皇帝》。但为什么，有了这些良好开端，我们却没有继续出版他的其他书呢？

好吧，由于我们在广告方面太过节俭，所以不管怎样我们都可能会失去他。在电视孕育的思维和行为方式形成之前，图书推广几乎完全依赖于评论（这个我们总是能获得的）以及在报纸上做广告。采访和公开露面很少见，而且只适用于本身就有新闻的人。对作者来说也一样，比如我们的作者阿兰·庞巴德，曾划着橡皮艇穿越大西洋，想要证明遇难的水手如果知道正确的做法，就能在海上存活。

一个小说家，必须杀妻或出了类似的事情，才能获得书籍介绍之外的版面关注。所以当小说家觉得自己的书销量太少时，抱怨的总是广告不足。

另一方面，出版商却知道，图书，即使是非常畅销的图书，所打的广告也几乎是无用的。就算这些广告真的能增加销量，增加的销量带来的收益也远远抵不上成本。但确实有两种广告是有意义的：第一种是在专业报纸上刊登出版社即将出版的新书预告，这有助于书商和图书馆员寻找信息；第二种是在大发行量的报纸上用整版打出某本书的显眼广告，前提是其作者已经非常著名。普通的广告，只是6英寸、8英寸或10英寸的一列（有时是双列，但通常是单列），里面还塞满各种其他书籍的简介……就我而言，我只需要问问自己，什么时候读过这样的广告（除了为检查印刷是否有问题之外），更不用说因这种广告买过任何东西？只有评论文章或有人热情地谈论某本书时才会激发我去买它，那其他人又有什么不同？但是，我们依然继续投放那些毫无意义或几乎毫无意义的广告（当然，会尽可能地少投放），只是为了让作者们高兴，向他们报告说"你的书在报纸A、B、C、D、E、F上都做了广告"，希望他们能对这个真实的陈述留下一个印象就好，不要来问我们："同一个广告中还有多少其他书籍，广告空间有多大，在报纸的哪个位置？"一般的作者们往往对这个印象就感到满足了。但布莱恩很快就开始觉得不够好。到了他的第三本小说时，他开始认为自己应该得到与格雷厄姆·格林的小说同样的待遇。

单说布莱恩所写书籍的质量，如果我们真的在发行量很大的报纸上给他做整版广告，并经常这么做，无疑确实会让他像格林一样有名。但是考虑到：第一，需要花很长时间才能起作用；第二，这么做会激怒其他作家；第三，我们负担不起。或者说安德烈是这么想的，在我们出版社，除了安德烈，没人可以决定能花多少钱干什么事。当安德烈认为将布莱恩的书籍广告转变为大牌广告的想法是无稽之谈时，我能做的全部，我必须承认，我曾梦想过的全部，也只是用不那么粗鲁的话向布莱恩传达安德烈的意见而已。到了1966年《冰激凌皇帝》出版时，布莱恩只是不时地喃喃自语，然后就似乎忘了广告这码事了。

那本书出版后不久，我出差去了纽约，和往常一样见到了摩尔一家，并应邀在阿甘西特待了几天。纽约正在热浪中受罪，对比之下，那些舒适的长岛海滨小镇非常有魅力，街道绿树成荫，木瓦铺就的房子远离街道，掩映在树木之间，显得宁静美丽！英国人一直为自己在18世纪发展出的完美民居自豪，但我认为美国人那朴实无华、优雅、亲和的木屋更胜一筹，这些木屋在新英格兰州以恭敬谦逊的方式得以保存。摩尔夫妇租的房子并不特别出众，但走进前门的那一刻，就令人感到很舒服，而"舒服"则是适用于整个阿甘西特的词语。除了容纳夏季游客作为主业，这个地方的居民当时或早已形成了自己的生活方式，这里并不时髦。尽管常客坚持认为，比起势利的汉普顿，他们更喜欢这里，但汉普顿依然是"强盗"资本家们爱去的、广阔的乡村隐居之地，大笔资金仍然流向那里。我认为阿甘西特确实值得排在前面，这个地方受到作家和医学人士的青睐，尤其是精神科医生。我到的时候，布莱恩和杰姬正忙着一场以月下夜泳收尾的派对，四五个喝多了的精神科医生非常放松和快乐，在海里漂流时，互相倾诉了最大的秘密——可不像普通人以为的在床上干了点什么，而是他们各自赚了多少钱。

我并非摩尔一家唯一的客人。他们和我一年前就认识且喜欢的一对夫妇成了朋友，就是写了非常优秀的自然类书籍且大获成功的富兰克林·拉塞尔，以及他极富魅力的加拿大妻子吉恩。她是个女演员，据摩尔一家说是个不错的女演员。但她在纽约几乎找不到自己想演的角色，因为（在她看来）美国人从不认真对待加拿大人。富兰克林此时正为了某本书在某个条件恶劣的地方旅行，吉恩很需要振作起来，因此常和我们待在一起。这两对夫妇的关系非常亲密，刚刚合资在新泽西州的乡下买了一块地。摩尔一家打算住在那里的旧农舍里，拉塞尔一家正在改造谷仓，这次冒险是这个夏天最令人激动的事。

我在阿甘西特待了三四天，和以往的时光一样开心愉快。有一天，吉恩还接管了厨房，做了一道拿手的美味虾菜。还有一天，她和布莱恩要长途开车到刚买的地产那儿，与建筑商商量事情，杰姬就和我一起去萨格港郊游。我在那儿的最后一天，大家在海滩漫步，杰姬和十岁的儿子迈克尔走在前面，我忽然发现自己在琢磨"亲爱的杰姬有点儿对自己的外表太不注意了吧"，她原本就和布莱恩一样胖乎乎的，最近好像更胖了，那条破旧的牛仔短裤绷得紧紧的，一头粗糙的金发也疏于保养，看起来就像是被随意剪断而不是修剪过的，而且还因海水的浸泡而变得僵硬，像稻草一样支棱着。如果不看她那生动的脸庞和淡褐色的眼睛，她看起来就是一团糟。尽管没有刻意做比较，但走在身边的吉恩却总是引人注目，身上散发着一种轻而易举的优雅，这个场景很可能引发了我这个想法。

然而，这只是一闪而过的想法，要不是因为一个月后我收到杰姬的来信，告诉我布莱恩和吉恩一起私奔了，我根本不会记得这件事。

我的第一反应是对自己的迟钝感到羞愧。我不是总为自己是人类行为的精明观察者而自豪吗？怎么可能只注意到一点点不祥的预兆，就将其完全抛诸脑后呢？这就是我的洞察力吗？布莱恩对浪漫激情的厌恶？得了吧！

我接下来的、持久的反应则是替杰姬感到极度震惊。因为她对所发生的事没有任何预感。她发现自己婚姻灾难的方式极其老套，是在将布莱恩的夹克送去清洗时在口袋里发现了一张字条。因为不能完全确定其含义，她去找布莱恩寻求解释，他承认了一切，然后他们就一起走了。她给我写信时仍处于震惊之中，我对她和迈克尔感到非常同情。

才过了几天，布莱恩在我心目中就成了个恶棍。他和吉恩坠入爱河时还准备继续他们的财产共享计划呢，直到被发现才放弃，这似乎很不寻常，但这就是当时杰姬和我看到的情况。后来我想到，他们俩对富兰克林和杰姬可能也并没有表面上看上去那么冷血，也许他们一起去"跟建筑商商量事情"那天或之后，才意识到彼此的热情不可抗拒。但即使我对他们的无情感到震惊，我也知道，坠入爱河这件事确实发生了，而且一旦发生就没有回头路。我也承认，我和朋友们一致认为布莱恩和杰姬之间的关系万里无云，这肯定是错的。尽管他几乎从不表现出来，但一定也压抑了一段时间。任何人要是以为自己了解他人关系里的来龙去脉，这肯定是荒谬的，因此责怪布莱恩在吉恩身上找到了他所需要但杰姬无法给予的东西（确实如此，且余生皆然），也是荒谬的。

所以我觉得自己很快会从摩尔家庭破裂的不愉快中走出来，再次看到布莱恩。但当时我无法停止为杰姬思考，这场婚姻给了她想要的所有东西，她曾为布莱恩的作家身份感到自豪，也曾为与他为伴感到幸福，但现在这一切都过去了。她的面前，延伸着无限的空虚，她的上下左右，里里外外，萦绕着因被拒绝而产生的羞耻气息。随之而来的问题，是担心迈克尔如何度过这场灾难，这母子俩将如何应对……如果有谁值得同情，那必然是她。布莱恩已经看到并得到了自己想要的东西，同时在最重要的领域，也就是写作中保持着绝对的安全。没人需要为布莱恩感到难过，所以我想支持杰姬，这意味着我会经常给她写信，此时如果要我给布莱恩写信，我反而不知道该说什么好。

因此，我本该保持沉默，但我没有。在收到一封简短的落着布莱恩地址的便条时（我不记得这是他还是他的经纪人发来的了），我几乎同样简短地做了回复，说虽然我确信我们很快就会恢复到原来的关系，但就目前而言，我为杰姬感到难过，所以希望他和我仅讨论工作。

我现在很后悔没有留着他的答复，因为其陌生感根本无法描述。但我确实没有保留，在向安德烈展示过之后，我就再也不想看到它了。

接下来的事尽管令人不快，却很理性，工作信函也终止了，因为我们不再有进一步的业务。本来他就对我们未能正确宣传他的书不满了一段时间，所以正在寻找新的出版商。尽管令人沮丧，但确实很明智，如果一切仅仅因这封信而停止，我们可能会许下某种承诺，然后会来改善自己的表现吧。如果这也不能安抚他，安德烈才会把他当作贪婪愚蠢的典型作家而放弃，而我则会悲伤地觉得是因为自己的过错失去了他。但事情并没有止于这封信，他后来又写来长达一页半的信，信里充满了对被他甩掉的那个女人的怨恨和自以为是的狂热，还说我站在杰姬一边，就不可能是他的朋友。那封信的语气让安德烈和我同样震惊，以至于布莱恩成了安德烈唯一没有试图阻止离开的作者。

莫迪凯告诉我，当时摩尔家的其他朋友都被他这种"非我即敌"的态度吓坏了，这让事情显得更不寻常。我之前从没遇到过这种我现在知道非常普遍的现象：一个人破坏了伙伴关系，却试图将全部责任推卸其已经抛弃的人身上。我想，因内疚而产生退缩是正常的，尤其对布莱恩这样成长环境的人，会产生一种尖锐的罪恶感。但即便如此，盲目地得了便宜还想卖乖，不仅是丑陋的，而且是愚蠢的，我遇到的这第一个例子似乎难以置信，在今天看来，似乎仍然如此。那个十分亲切地品味着人类愚蠢和失败的布莱恩，竟然以这种方式砰然落入严重的自欺欺人中……就仿佛我失去了他两次，首先是作为朋友（非常痛苦），然后是作为他这个人。那封信不可能是我认识的布莱恩写的。

年纪大了就经常会发生这样的情况，当你回顾过往令人吃惊的事件时，似乎都能找到解释，甚至司空见惯，这是随着时间流逝，反应逐渐迟钝的结果。但也许我应该为此感谢布莱恩，因为他干的这件事，到现在依然能给我带来清晰的、沮丧的一击。

杰姬如今已经死了。对她来说，某段时间里，这个故事似乎发生了令人惊讶的向好的甚至是滑稽方向的反转。她和富兰克林·拉塞尔这两个被抛下的人，继续承担着共享财产计划，成了比以往任何时候都亲密的朋友，后来两人产生了感情，最终还结了婚。她不是个心怀怨恨的人，除了困惑，我从来没听她表达过对布莱恩更强烈的情绪。但只有一次，她显然很想告诉我，富兰克林其实很高兴摆脱了吉恩。我的印象是，她和富兰克林在一起觉得很舒服，就如同布莱恩刚从自己醉醺醺的爱情热情中恢复过来与她在一起时的感觉一样。我曾经和他们一起住在新泽西的房子里（他们后来卖掉了谷仓），看到他们开心地生活在一起，勇敢地应对刚刚遭遇的第一场灾难（他们可爱的儿子亚历山大刚出生就患上了先天性椎骨背侧闭合不全），那会儿，那一系列漫长的手术也快到头了，亚历山大看起来和同龄的孩子一样活泼开朗。杰姬感情生活的重心，显然已经转到了以儿子为傲，以及能让他恢复到目前状态的幸福感里。

那次见面后不久，她和富兰克林就一起去旅行了，我想这是他们第一次觉得可以放心地暂时将亚历山大交给别人看管。但就在那次旅行中，她病倒了，回家后被确诊为胰腺癌。她英勇地与病魔抗争，但最后还是悲惨地离开了。

富兰克林和我不太熟，因此我们没有保持联系，但她去世大约两年后，我偶然遇到过他。他一直在家里照顾她到最后，所经历的一切都令他感到震惊。我只知道迈克尔·摩尔在母亲去世后去与自己的父亲生活在了一起，但富兰克林和亚历山大后来发生了什么，我就不太清楚了。

尽管布莱恩离开我们比其他作者更令我们痛苦，

但并没有妨碍我回忆起他和我们在一起时的那些快乐，以及他为许多八卦盛会做出的重大而宝贵的贡献，所以发表他的作品得大于失。而莫迪凯因自己职业生涯的明智决策搬家之后，我几乎没再见过他，对此我感到真切的遗憾，但我也因能读到他的书，并成为他的第一家出版商而感到自豪。读完《巴尼的版本》，我对他比自己第一家出版社活得长久又成功而感到高兴。在本章结尾，我很愿意记下自己曾对他说过的一句话："你最终一定会成为加拿大文学界的元老。"如果元老也能像他一样完全不自夸，那他肯定是做到了。

简·里斯

读过简·里斯前四部小说的读者，没人会认为她擅长生活。但要是没见过她本人，你也不会知道她不擅长到什么程度。20 世纪 50 年代初期，弗朗西斯·温德姆[1]向我推荐了她，当时他是这些小说为数

1　弗朗西斯·温德姆（Francis Wyndham，1924—2017），英国作家、文字编辑、记者。

不多的崇拜者之一，于是我从1957年开始与简通信，但直到1964年才第一次与她见面，因此我在她饱受困难折磨的很长一段时间里，几乎没帮上她任何忙。

也许这还不是她最糟糕的时候，她经历的最黑暗时期应该是20世纪40年代的最后三年。当时她和第三任丈夫、退休海军军官马克斯·哈默住在肯特郡的贝肯汉姆，花光了所有积蓄，马克斯在绝望中还陷入了深深的麻烦，试图通过欺诈手段获得金钱，被判了三年有期徒刑。在那场噩梦中，简得了抑郁症，每天将自己灌得醉醺醺的，什么也干不了，状态非常糟糕，最后自己也多次在法庭出出进进，还入狱过一次。我们刚联系上时，马克斯已经服完刑，他们悄悄地搬到了康沃尔，住过几处条件极其简陋的住所，那时已经不是最低谷了，但在重新成为作家之前，还有九年非常艰难的日子等着她。

她向来是个非常低调的人，但在1939年，她的第四部小说《早安，午夜》问世时，她在文学界已经广为人知了。战争开始后，很多人都"消失"了，他们被从自己熟悉的生活环境中带走，加入部队或从事战争相关的工作。当时简跟着第二任丈夫离开伦敦，他去世后，她就和马克斯一起滑入了新的不幸中，和以前的熟人失去了联系，也变成了一个"消失之人"。弗朗西斯想知道她发生了什么，有人告诉他，简在塞纳河淹死了，还有人说她喝酒喝死了。这些情况，就是人们构想的她可能遭遇的命运。

最后还是 BBC 找到了她，当时他们正准备播出由女演员塞尔玛·瓦兹·迪亚斯制作和表演的《早安，午夜》的改编版，在广告中，提到"已故的简·里斯"，她对此做出了回应。得知此事后，弗朗西斯写信给她，她回复了，说自己正在写一本新书。受弗朗西斯和我的热情感染，安德烈·多伊奇同意我们以 25 英镑的价格购买预览该书的期权。

当人们惊呼这也太小气了的时候，我已经不再脸红了，因为我为此脸红的次数已经太多了。我只是告诉自己，在 20 世纪 50 年代，1 英镑能买的东西比现在多得多，这个金额确实是真的，但这毕竟不是预付款，只是预付款的预付款，而且，在那个年代，没人会为期权付更多的钱。但令人难以置信的是，还有人付得更少，所以，真是太小气了。如果当时我们对简的情况有一些了解，我相信弗朗西斯和我都会为她争取多一点钱，但我们确实花了很长时间才了解情况。

　　问题是，她营造了一个华丽的假面。从 1957 年她说自己的书将在"六到九个月之内"完成，到 1966 年 3 月她宣布业已完成之际，我们的通信中，她确实提到过管道漏水、厨房里的老鼠等灾难耽误她写作时间的情况，但总是将这些事情写得十分有趣。直到第一次见面，我才明白对她来说，这些事有多么令人震惊，简直彻底击败了她。因为她无法应对生活中的任何具体事件，这种无能超出了我在任何正常、理智的人身上所看到的情况。马克斯的健康状况开始恶化，但她对他依然忠诚，不仅对他遭到监禁一事缄默不语，还为他随后的无助做掩饰。直到几年前，我才了解到她在 70 年代过着多么可怕的日子，总是切换于照顾他的艰辛和他住院时的孤独凄凉之间。她饭吃得太少，酒喝得太多，充满恐惧，筋疲力尽，满身病痛，此外还非常偏执，认为切里顿·菲茨帕因村（他们当时搬到了那里）是个残酷的地方。因此，任何一个额外增加的小恐惧都会使她在几周内丧失行为能力。一旦超过某个临界点，她就会彻底崩溃。

　　比如，她曾告诉我，邻居们说她是女巫，她写得很轻描淡写，所以我觉得她只是在用琐碎的小事讲故事罢了。但教区区长伍德沃德先生说的是,她确实受到了指控,德文郡所有人都知道此事。简就像发了疯一样,跑到马路上,用剪刀袭击了最早指控她的那个女人,导致她被送进精神病院绑了一周左右。"如果你问我,"她在村里为数不多的朋友格林斯莱德先生坐出租车来埃克塞特接我时说,"早就该闭嘴的是另一个人,但不是可怜的哈默太太。"但这些事她在信里一个字也没有提及。

幸运的是,她在弗朗西斯面前逐渐变得不那么拘谨了,毫无疑问,一部分原因在于他是个男人,另一部分则是因为他是作为朋友,从自己家里给她写信,而不是作为出版商从办公室给她写(他在我们出版社兼职工作)。他是个正在等待她所欠书稿的出版商,但对她来说更重要的是,从他身上,她看到了一个理解并热爱她的作品、有同情心、有趣、善良、渴望帮助她的人。他让她挖掘生活里的故事,为她找杂志发表,当得知她快要崩溃时,还给她寄了100英镑,让她可以去旅馆或疗养院休息一下。那些年里她在给我的信中展现的形象,是一个遇到了富有同情心的编辑的开心作家,而她写给弗朗西斯的信,则展现了意外发现朋友的欣喜若狂。如果不是他的支持，她不可能完成此书，尽管遇到了如此沉重的命运，她依然慢慢地、慢慢地、慢慢地一步步前行。

谢天谢地，人这种东西不是可以完全解释得清楚的。卡罗尔·安吉尔在关于简的传记里，尽力解释了她的生活与作品之间的联系，但这个笨拙得令人绝望、看似不完整的女人为什么能如此清晰、有力、优雅地写作仍然是个谜。尽管我早就接受了这个事实，但只有在了解了她的出生地——加勒比东部的多米尼克[1]岛屿后，我才对简生活中糟糕的一面有了更好的理解。

成为简的出版商后，我有幸结交了一个多米尼克家庭。这个家庭里有人对这座岛屿的各方面都非常了解，让我得以深入观察。这座加勒比地区最小的岛屿之一，曾孕育过该地区最好的历史学家雷诺克斯·哈尼切奇。正是透过从他那里借来的精神透镜，我才突然意识到简在 1906 年 16 岁时来到英国时的陌生感。

1　多米尼克，亦即"多米尼加联邦"。不同于同样位于加勒比海的多米尼加共和国，后者与海地共享一个岛屿。——原注

　　大部分英国人看到"西印度群岛"这个词时，都会联想到牙买加和巴巴多斯的混合体，或许还带着点马斯蒂克岛的味道。我因为去过，自认为有根据，浮现在脑海里的则是特立尼达和多巴哥再加上牙买加的意象。所以多米尼克让我大吃一惊。

　　首先，没人会认真地想把这里建成殖民地。哥伦布在1493年就发现了这里，曾经将一张纸揉成一团扔到桌子上，以此来描述这个岛。这个意象很不充分，但可以理解，整个岛屿由30英里乘以16英里密密麻麻的火山山脉组成，山脉被深谷隔开，瀑布咆哮其中，下面小河奔流。整个岛屿覆盖着茂密的森林，还有些地方冒着热气、蒸腾战栗。其构造的内在戏剧性、雨林的热带丰富性，让这个地方异常美丽，却好像没什么实际用处。

　　人类有两种与这种地形相关联的方式。一种是像哥伦布发现时就生活在那里的加勒比人，与自然共存，而不仅仅是利用大自然或与之较劲，这时大自然会表现得热情好客，人不会冻僵，也不会饿死，因为有大量可用于建造庇护所的木材，有大量可以制造独木舟的大树，如果外敌入侵，极难深入腹地，而当地人却很容易隐藏、伏击。到目前为止，居住在多米尼克的加勒比人比其他任何岛屿都多，逃亡的奴隶在这里也比在其他岛屿上更能对心存报复的奴隶主进行彻底的抵抗。但如果是喜欢控制自然，以自然牟利的人，那就要么像西班牙人那样明智地离开，要么就硬着头皮努力工作，却只能得到可悲的回报。多米尼克的定居者尝试过种植各种作物：咖啡、可可、极少甘蔗（因为平地不够）、大量香蕉和柑橘类水果、香草、月桂……这些都能在一段时间内获利，但随后又因飓风、枯萎病或市场变化受到摧毁或产量大大减少。在加勒比地区的许多地方，种植都能发财，但在多米尼克，幸运者可以勉强度日，想要富裕却绝无可能。

18世纪初期，法国人首先介入此地，开始了种植园生活。今天的多米尼克人，几乎全是非洲后裔，依然说着法国种植园主的奴隶引入的那种以法语为基础的方言，天主教也仍然是岛上的主要宗教。作为英法七年战争结束时和平解决方案的一部分，英国人于1763年接管了这个地方，却一点也不为之兴奋。1764年，一本给投资者的小册子介绍道："这些岛屿并非流淌着牛奶和蜂蜜的应许之地……那些来冒险的人，很多英年早逝；而幸存下来的人，很多也在享受之前就倒下了……"[1] 从那时起，大多数种植园主都不在此现身，就找些声名狼藉的管理者替他们管理，一位 18 世纪的咖啡种植者写道："我们环顾四周，看到许多醉酒、无知、不识字、放荡、毫无原则的人，就是这么些人被信托管理着这里的财产……难怪庄园会走向毁坏和废亡。"但管理者也值得同情，因为在这里生活极其孤独。各个小小的乡村庄园之间，并非仅仅是物理距离遥远，而是根本就无法通行。

时至今日，岛屿两端的山峰鲁莽地直插大海，已经打败了无数筑路者，因此整座岛屿没有道路环绕。直到 1956 年，从加勒比海到大西洋的道路才倾斜地越过岛屿，可以通车，由于群山阻碍，山路比直线距离远得多。这条横贯海岛的公路，被命名了一个豪华的名字——"皇家大道"，大约是在 1900 年正式"开通"的，但实际上到了中途就逐渐消失了，只有最初的五六英里在水面之上。简在岛上的日子，要么沿着岛屿航行，要么在经常被洪水或山体滑坡中断的崎岖小径上骑行。即使是连接加勒比

1　这一段和下一段引文都取自雷诺克斯·哈尼切奇的《多米尼克故事》。——原注

海一侧的两个主要城镇罗索和朴茨茅斯之间的平坦海岸公路，在 1972 年以前也还根本不存在。如今，有几条狭窄的碎石路从海岸直通山区，农民可以用卡车将他们的产品运下山再装船运走，但是简去日内瓦自家的祖产看望祖母时，还需要在石头小径上骑行九英里。

除了罗索和朴茨茅斯之间的那条路，多米尼克那些狭窄崎岖的道路至今还令人生畏：有那么多森林要清理，那么多一个接一个起伏的急弯要越过，那么多热带的倾盆大雨会冲走刚建起的一切……但没有钱，没有设备搬运泥沙！全是些探险小径，想要持续维修都是非常艰巨的任务。

因此，很少有白人在多米尼克定居也就不足为奇了。在简的少女时代，一位精力充沛的管理员鼓动了新一代英国种植园主来到这里，导致白人人口一度飙升……从 1891 年的 44 人增加到 1911 年的 399 人[1]。但是新一代种植园主很快就放弃了，现在人数已经不足十几个。简的父母把她姐姐送到有钱的亲戚家抚养长大，我非常理解。因为那时候白人中

---

[1] 数据来自彼得·休姆的《简·里斯回顾》中"岛屿和道路"一章。——原注

产阶级家庭的女孩是不工作的，她们长大嫁人，但多米尼克哪里可以找到能嫁的人？一个也没有。在那些日子里，英国对这个岛屿严重忽视，尤其在学校方面，所以多米尼克几乎没有黑人接受过任何教育。不管怎样，种族偏见也不可能让黑人成为白人女孩的丈夫，就算可能，他们之间也不会真的和谐。对白人的教育尽管也没什么值得夸耀的，但即便是最底层的白人女孩也识字。

在殖民社会，只要是个白人就能感受到自己身处上流阶层，如果他们还坚定地意识到自己祖先的优良血统，就像洛克哈特家族（简母亲的家人）那样，情况就更是如此了。所以，简在孩童时期的正常生活就已经处于云端，只不过这云端也不过就是个小小山丘。这样一个小型、孤绝的白人社会，比一个省甚至一个教区还小，其相对稳定的社会结构比普通的英国村庄要小得多。这种社会结构受到来自底层的威胁，简在小时候就感觉到了，但这种感觉将她推向更认同而非远离自己家人的一方，后来她找到了作家的道路，拥有了更全面的视角，才能做到抛开自我，折射出真正的多米尼克白人社会。在她十六岁即将前往英国时，她的生活就是这么一小群人所经历的、比想象中狭窄得多的生活，再加上她自己头脑里的幻想。

这种幻想部分来自多米尼克本身，美丽且不可驯服，这两个因素的结合对她的想象力产生了强大的吸引。简如此写道[1]：

> ……它是有生命的，我非常确定。明亮的色彩背后是柔和的色彩，山如云，云如奇山。所有的一切，都蕴含着朴素、悲伤和迷失。我想以之来认同自己，且迷失其中。（但它冷漠地转过头去，让我心碎。）
>
> 地球就像一块磁铁，吸引着我，有时我会靠近它，靠近这种我渴望的认同或毁灭。有一次，我曾不顾身边的蚂蚁，躺下来亲吻大地，心里不住地想着："这里属于我，属于我。"我想保护它免受外人的伤害……

外界的人们也以浪漫的方式回应这座岛屿。我还认识一些人，试图淡化自己对它的迷恋程度，以

---

1 来自她的最后一本书《请微笑》(*Smile Please*)。文字不像之前那样焦虑，却也少了回味。——原注

免显得荒诞可笑。我自己曾非常迷恋多巴哥，但多巴哥也不像多米尼克那样一直搅扰着我的想象力，萦绕不去。或许这与它的火山地貌有关，除了火山口所形成的沸腾湖不断地蒸腾和吞咽，令人难忘之外，岛上还有几个较小的喷发孔和硫黄泉，小震不断……火山学家说过，这里至少有四个火山活动中心随时可能喷发，我们这个星球上很少存在这种不可思议的暴力，多米尼克却全然没有湮灭。在心灵属于此地的简的眼中，这个岛屿必然超凡脱俗，卓尔不群。

她的另一个梦想是关于英国的，部分源于英国殖民家庭将其理想化，而更多则源于她奶奶送给她的书，她用这些原材料创造了一个比心爱的多米尼克更加诱人的应许之地。父亲对她到达英国后会发生什么曾经有隐约的预感，曾警告过她那里的生活"非常不同"，告诉她如果不开心就给他写信，"但不要在第一次被吓到时就写，否则我会对你失望的"。他们告别时，他紧紧地拥抱她，甚至挤碎了她的珊瑚胸针，她却对他的情绪无动于衷，甚至感到非常开心——"因为那是去英国啊"。她到达之时，对英国一无所知，就好像降落在火星一般。

这还不仅是明显无知的问题，比如不知道火车长什么样子（她第一次进入火车站候车的棕色小房间时，根本不知道那是什么），或以为浴室水龙头里的热水是取之不尽的（她第一次洗澡时就这么开着水龙头把热水用光了，被狠狠地责备了一通，但她怎么会知道？），还有，她做梦也没想到，无边无际连在一起的街道两边伫立的全是灰色的砖房……这已经够糟了，但更糟的是，她完全没有生活在复杂社会、被一群人围绕着的我们早就学会的给予和索取的直觉意识。她之前所认识的那些年长女性，也没有比她更有机会来学习这些……她根本不可能知道自己缺乏什么，只知道自己不知所措，而这后果严重。

在英国，她遇到的**每个人**都知道她所不知道的事，不仅是学校教的东西，还有令人困惑的日常事务。许多年轻女性都非常善于保护自己的面子，懂得如何摆脱困境，但简不行。无论出于什么原因，她在某些方面很孩子气，被妄想吓坏了，根本没想到还可以学习，能做的只有憎恨。她憎恨这个与她的梦想相去甚远的国家，更憎恨这里的居民，因为他们鄙视（她确信如此）她的无知和她的家乡。这种感觉一直持续到她晚年，有一个女人说圣卢西亚的卡斯特里是个贫民窟，她突然爆发了，当即认为这个冷嘲热讽的女人、这些冷嘲热讽的英国人，会同样看待罗索，但罗索可不是贫民窟，完全不是，他们根本就没法正确看待。她跳起来，要保护它免受外人的攻击，这些可恶的外人。她一直憎恨他们那该死的、冷冰冰的能力和常识，做梦都没想过要和他们一样。无论如何，她本来也许不会这样，但她极其厌恶自己所见到的英国人作派，因此转而拥抱自己的无能。

她迎着艰难的命运完成的这本书，正是受到了这种仇恨的启发。起初她想取名为《第一任罗切斯特夫人》，夏洛蒂·勃朗特笔下的《简·爱》总是让她为被关在桑菲尔德庄园阁楼上那来自西印度的疯狂妻子感到愤慨。她知道英国人有时会为了钱而迎娶西印度女继承人，所以怀疑勃朗特是根据当地有关这种婚姻的八卦来讲故事的，但对简来说，这样的八卦充满恶意且不公平。多年来，她一直想写一部罗切斯特妻子视角的小说，所以她一边忍受着漫长痛苦的干扰，一边坚持着。

我们联系上不久，她就承认因为担心《藻海无边》（现在已经改为这个书名了）的第二部分，她几乎筋疲力尽。在这一部分，罗切斯特先生出现，并与安托瓦内特结婚（她不喜欢勃朗特给他妻子起的"伯莎"这个名字，因此选择用中间名来称呼她）。必须在书中建立起他们的关系，还需要解释为什么这种利益婚姻会出现如此严重的错误。简在信中说，对安托瓦内特的童年和学校教育，她完全可以描述，"结局也没问题，因为我在英国，很容易想象发疯的状态"，但对婚礼和接下来的具体琐事，她写不出来，为此她非常痛苦，"写不出具体事件，一件也写不出来，写不出对话，什么也写不出来"。

她把第一部分和第二部分的早期版本寄给了弗朗西斯，弗朗西斯又拿给我看，第二部分确实单薄，婚姻几乎没有延续多久，立刻就变成了一场灾难。关于这一点，我写信给她，但我很紧张，因为第一部分实在太棒了，我正在处理的这本书显然可以成为天才之作。她接受了我的建议时，我松了一口气，但直到很久以后，我读到她写给弗朗西斯的一封信[1]时，才发现我的建议确实有用。

她告诉了他某些引导她继续前进的"线索"：第

1　来自《简·里斯信件 1931—1966》，弗朗西斯·温德姆和戴安娜·迈利编辑，安德烈·多伊奇出版社，1984 年。——原注

一个是奥比巫术及其必须在故事中发挥的模棱两可的作用，"第二个就是阿西尔小姐建议为这对不幸的夫妇增加几个星期的幸福时光，直到他接到那令人困扰的信件"，她开始遵循这个建议，立刻看出"他一定会爱上她，但同时很暴力"，婚姻变得栩栩如生起来，开始了其复杂而痛苦的旅程。

严格来说，这是我对简·里斯作品的唯一编辑干预，在细节方面，她是个完美主义者，从不需要"整理"。

简和我第一次见面是在 1964 年 11 月，当时她得到了弗朗西斯和另一位我们出版社的编辑埃丝特·惠特比的支持，后者自愿在切里顿·菲茨帕因过了一个周末，帮她整理和安排已经写出来的东西，简觉得可以将已完成的书稿，或更确切地说是几乎完成的书稿带到伦敦，因为还有几行尚需口述给打字员补充完整。简和我计划在她到达伦敦的第二天见面，一起吃午餐庆祝书稿的完成……结果，第二天一早，一位情绪激动的女经理把我叫到简所在的旅馆，说她夜间突发心脏病。所以没有什么香槟庆祝，我直接将简绑进救护车，送去了医院。接下来是三四个星期的医院探访、私密的清洗睡裙、买牙膏等事件，让我们迅速进入了友谊的深水区，但我很快意识到，如果这就意味着信任，那我就错了。简从来不完全信任任何人，她只是此后再也没向我展现过不友好的表情。

她住院的第一天晚上，向我提出了一个可能导致我痛苦的道德问题：她要求我郑重承诺，这本书不会以未完成的状态出版，也就是说，只要缺了她打算口述的那几行内容，这本书就不能出版。我自然答应了，然后在回家的路上，我开始想："要是她死了该怎么办？"因为看起来很有这样的可能啊。这本书按目前的状态其实是可以出版的，最多在她想增加的那一两行处再插入一两个注释吧。如果她真的死了，我是否能够或是否应该，信守那个承诺？时至今日，我当然知道不会有任何问题，我们肯定会出版。但当时，我正为她的疾病而焦虑，在这种情绪的影响下，我有一种强烈的感觉，那就是简的偏执将自己困在了一个充满危险的可怕世界中（我立刻就捕捉到了那种心境），因此觉得对她的任何承诺都必须履行。

我想到了一个可能的解决方案。埃丝特曾告诉过我，简将手稿的原始材料放在床底下的购物袋里，是些杂乱散放的纸张和小笔记本，据简说只有她自己才能理解。我知道她的兄弟里斯-威廉姆斯上校要从巴德利·索尔特顿来医院看她，为什么不让他去找找这些文字收集起来交给我呢？先别告诉她（她病得太重了，目前没法处理此事），我一定会仔细检查，将所有东西按顺序精心还原，这样也许能发现她打算插入什么文字的线索，一旦发生了最坏的情况，也大致能了解她的意图。

里斯-威廉姆斯上校尽力了，却没什么用，简说得对，唯一能理解袋子里那堆令人吃惊的混乱文字的人只有她自己。我放弃了，她的兄弟把袋子又放回了原处，简永远不知道我们曾经干过什么。

她花了将近两年时间才恢复到有力气再次看这部书稿，添加了必要的零星内容。她说是因为换了一种新药，但我觉得是因为换了个医生，当然也可能是她原来的医生尝试了一种新药吧。说不定他才是那部小说结尾部分最重要的贡献者，所以我真的很遗憾不知道他的名字。

1966 年 3 月 9 日，她写信告诉我书稿全部完成了，以及，马克斯去世了。

我亲爱的戴安娜：

　　谢谢你的来信（因为知道马克斯快死了，我刚给她写了一封充满爱意、焦虑不安的信）。我不知道还能说什么。马克斯在昏迷中走了，今天一早我们就去了埃克塞特火葬场。

　　今天阳光灿烂，但阳光很冷，还有很多花，对我来说毫无意义。

　　我感觉自己一直在紧绷的绳索上走了很久，现在终于掉下来了。我真不敢相信自己这么孤单，马克斯也不在了。

　　我曾多次梦见我要生孩子，然后如释重负地醒来。

　　最后，我梦见我正看着摇篮里的婴儿，多么虚弱的小东西。

　　所以这本书必须完成，我一定是为此做那个梦的。我再也不做那个梦了。

　　太冷了。

爱你的简

　　我问她我是否可以去切里顿取书稿，简似乎很高兴。这是我第一次去，简让格林斯莱德先生去埃克塞特接我，就是在那时他才告诉我她袭击了讨厌邻居的事儿。

她为我在乡村酒吧"响铃"订了个房间，因为尽管她家里确实有一间额外的小房间，但还要过两年才能住人。她在信中总是哀叹天气不好，果然，当我沿着村子走到她位于六号的平房时，正风雨交加，村里人也和她描述的一样。走了大约半英里，我没看到一个人，所有房子都背对街道而立，我还遇到两只牧羊犬类型的杂种狗，黄色的眼睛掩在湿漉漉的浓密毛发之下，满是敌意地盯着我，然后又闪开，好像希望我用石头打它们似的。我后来再去切里顿时，倒觉得这地方还算正常（尽管那段路上一幢幢背对道路的房屋仍然很奇怪），但那天我想的是："这地方多压抑啊，她可一点也没有夸张。"

我一直以为平房就是一幢独立的住宅，坐落在一小块单独的土地上，但简的住所，位于一排连在一起的单层棚屋的最后一间，是一间掩映在树篱之后蜷缩着的灰色建筑，很不起眼的权宜之所。看起来好像由瓦楞铁皮、石棉和焦油毡搭建而成，如果有人说我必须在那里居住，我肯定会大为震惊的。

简买不起暖气，唯一体面的房间是她的卧室，俯瞰着如果打理了就可以称之为花园的地方，再远处是田野。靠近道路那一面，树篱下是一片粗壮的野草，门则通往一条狭窄的黑暗通道，左边是浴室，右边是厨房。我被立刻引进了厨房，大约十英尺见方，但地方小也有它的好处，因为除了双头燃气灶外，房间里唯一的取暖设备是一种电暖器，后面有凹形金属反射器，前面是横档，除了烧焦人们的小腿，几乎无法温暖室内空间。房间里放着简工作兼吃饭的小桌子，两把直椅，一个食物柜，一个餐具柜，这些，就是全部的家当；这里，就是简度过每一天的房间。

如果她没有完成《藻海无边》，我真怀疑她能否在这平房里再坚持一年。

这本书的出版，以及随后再版的早期作品（除了两三个她觉得不够好不值得保存的故事之外），让她有了点钱，并不太多，但足以保证余生温暖舒适。同时也给她带来了名气，对此，她几乎完全无动于衷，但这肯定比被遗忘要好，当然，还为她带来了朋友。在所有朋友中，索尼娅·奥威尔[1]对她的

1　索尼娅·奥威尔（Sonia Orwell，1918—1980），英国作家乔治·奥威尔的第二任妻子，被认为是《一九八四》中女主角茉莉亚的原型。

影响比任何人都大。

索尼娅给我的感觉是令人厌烦。她经常喝得太多，很容易感到无聊，这让她变得易怒，有时甚至粗鲁，而且自以为才智高人一等。然而据我所知，她的头脑并没有证明这一点。但是，尽管我怀疑是简的突然成名，而不是她从事写作这件事，让索尼娅接受了她，不过一旦她做出了决定，就会非常慷慨。

从简 1966 年出版《藻海无边》开始，直到简生命的尽头，索尼娅每年都资助她在伦敦度过漫长的寒冬假期，还送给她许多昂贵的礼物。我有一次谈起她的花费，索尼娅告诉我，自己一直因为继承了乔治·奥威尔的文学收入而感到尴尬，所以决定用这些钱来帮助拮据的作家们。她害羞而抱歉地说着这些话，不想让我觉得她过于慷慨，也不愿为此受到赞扬。相比花钱，她更令人感受深刻的是在决定给简提供美好生活时所表现出的敏锐和细心。她不仅支付酒店账单，还会提前支付所有小费，并向管理人员解释这位老太太所需的特殊照顾，为她预定美发师、美甲师，为她添置漂亮的睡衣，为她留意冰箱，让里面装满白葡萄酒和牛奶，以备简睡前所需，还给她买书、组织访客……有时她甚至会做自己最讨厌的事（和我一样）：带简去买衣服。但这件事实在是太累人，太无聊了，最终我们都受不了了，罢了工。但随后索尼娅又鼓起更年轻、更强大的勇气继续照管下去。她还是我们所谓的"简委员会"中最活跃的成员，她、弗朗西斯和我经常碰面讨论"简的问题"，如何让简的财务状况井然有序，或如何帮她找个与平房相比不那么局促、同时又离伦敦近的住所。（但这方面我们相当不成功，每次我们想出一个可行方案时，简都推三阻四，还说："金窝银窝不如我的狗窝。"）

*

我对这一切深表感谢，因为很早之前我就面临着一个令人生畏的前景。

简很爱自己的女儿玛丽冯·穆尔曼，盼着她来看自己，每次她一离开就会陷入悲伤，还经常自豪并钦佩地谈起她。在自己情况不好的时候，简也从来没有让那些令人担忧的事情加重玛丽冯的负担，而一旦有了钱，她就在不断思考该如何尽量远离女儿，减少女儿的麻烦。她曾有几次问起我关于居住在荷兰的人到英国继承财产的问题，因为穆尔曼一家曾在印度尼西亚待了几年，回来后就定居荷兰。她还经常谈到曾经为玛丽冯写过一篇披露过去真实情况的文章。她说，如果她做得没错，那么玛丽冯最终是会理解她的。

她如此迫切地希望女儿理解，这么明白无误地希望她原谅的，到底是什么？

我并不确切地知道玛丽冯的婴儿期有多少时间是和母亲一起度过的，但我猜几乎没有。当然，玛丽冯曾经有一段时间生活在"由修女们管理的条件很好的家"里，也依赖过其他一些育儿机构。她出生后不久，简就在法国南部找了一份替人代笔写自传的工作，这份工作的一个好处是，如果安排得当，她可以带着孩子一起去，但最后没有谈成。玛丽冯大约四岁时，简去了英国，将孩子留在荷兰由父亲抚养长大，因此玛丽冯非常爱自己的父亲。她后来在放假时会去英国和简在一起待几天，在她的记忆里，那些日子都很愉快。但对一个小孩子来说，如果母亲就这么消失了，很难没有被遗弃之感。

无论简写了什么，这个遗憾她永远无法消除，因为她想要获得宽恕的对象，是被自己遗弃的孩子。长大成年的玛丽冯非常清楚自己必须接受母亲的天性——她在实际困难面前绝对无法表现得像个有能力的成年人——而且也慷慨地原谅了这一点，但对于孩童期间所经历的一切，她无法改变。这个残酷的事实让简每次试图靠近她时都不禁却步，她在快九十岁时尝试写的自传《请微笑》里，以那样的方式结尾，已经不能仅仅以年纪大、脑筋弱来解释了。毫无疑问，正是她们之间这种纠缠，使简渴望的玛丽冯的每次来访总是以某种苦涩收场。

有一次，在去切里顿看望了简之后，玛丽冯来到伦敦邀请我共进午餐。简之前一直谈想搬到荷兰居住，玛丽冯想赶紧确定这事不会发生。她告诉我，她愿意与妈妈保持联系，不时去看她，有紧急情况也一定会过去，但她做不到一直陪伴她或靠近她。所以我必须承担起照顾简的责任，因为她做不到。"这会毁了我的婚姻"，她这么说。

不可否认，我的心沉了下去，尤其是我明确地看到玛丽冯的意图。我那时对简的了解比现在少，但显然也知道她不是能一起生活的对象，更不是大约四岁时就被抛弃的女儿能一起生活的人。在某种程度上，所有编辑都在扮演保姆的角色，但在这种情况下，我似乎觉得保姆的角色即将升格为主角了，当然这是针对事务的多寡，而不是光环的部分。因此，要是没有索尼娅和弗朗西斯的无价帮助，事情会变得异常艰巨。但弗朗西斯很快就要面对自己母亲的晚年，所以不得不逐渐退出帮助简的具体事务，多年之后，经济困难加上健康状况，索尼娅的热情也渐渐衰退了。

多亏了索尼娅，我才得以瞥见简年轻时（快乐时）有多迷人。索尼娅带她出去吃午餐，一起喝很多香槟，两个人都咯咯傻笑着，应该只是微醺，还谈不上喝醉的状态。简喝醉时（我直到她生命的最后两年才有幸见到），通常是怨恨和愤怒的灾难性释放，但这一次，她的醉意恰到好处。一切都变得很滑稽，她记得自己唱着开心的歌曲，讲着笑话，喜欢遇到的每个人。她快乐无比，就像被包裹在巴黎（她曾在那里度过非常快乐的时光）的粉红色泡泡中，这种状态一直持续到我把她的热水袋灌满，又把她带到床上（她下午和晚上归我管，因此这是我的日常工作）。简和我在一起时，通常只会比较愉快，但只有和索尼娅在一起时，才能品尝到那种乐趣。对巴黎非常熟悉的索尼娅，自身也带着些许简最喜欢的那个城市的调调，而且索尼娅喜欢喝酒，而我无疑是个典型的英国人，喜欢清醒。和我在一起，简并不能完全放飞自我。

　　放飞的场所一般是在波多贝罗酒店，冬天待在这家酒店是索尼娅所提供的最佳款待。酒店不大，有一种不拘一格的优雅，深受法国戏剧界人士的青睐。当时，它正由一位最近被《星期日电讯报》称为"新胖"的年轻女子管理，因为她讨厌节食，喜欢穿华丽衣服，非常享受自己的富态。索尼娅告诉我，这位女子愿意为简打特价，因为喜欢她写的书（不幸的是，下一个冬天来临时，她就不再负责管理这家酒店了，或许也是她那和蔼可亲、过于大方的个性导致的吧）。我第一次去酒店找简时，在接待处迎接我的，是一个打扮得像潘神[1]、穿着粉红色T恤的家伙，在两边胸部位置装饰着天鹅绒的拉链小口，全都拉开着，露出乳头。这氛围，与切里顿·菲茨帕因相比简直是天壤之别，我有点怀疑，渴望某种改变的简是否会觉得不自在，却没想到她非常喜欢，被女经理和俏皮的"潘

1　希腊神话里的牧神，掌管牧羊、自然、山林乡野，其形象是人头和身躯，山羊的腿、角和耳朵。生性好色，是创造力、音乐、诗歌与性爱的象征。

神"迷得大惊小怪，几乎想在波多贝罗度过余生。我想正是在那个假期，她萌生了要染红头发的想法。我抗议道，鲜艳的发色会让人的皮肤显得苍老，她说："但我想骗的不是别人，而是我自己啊。"

在索尼娅后来重新选择的酒店里，简就不怎么开心了。当时索尼娅开始感到经济拮据，身体也有了些毛病，这后来导致她的晚年很悲惨。新的酒店位于克伦威尔路附近，舒适却单调，很多年迈的寡妇会选择这里作为永久住所，但简明确地表达了她对此地的厌恶。索尼娅对她的慷慨大方，并没有在她身上激发出多于一个六岁孩子的责任感，即便索尼娅随后很快就将她搬到了一个非常时尚、昂贵的场所，她还是有点闷闷不乐。她不愿待的那个酒店的经理对索尼娅（不是对简）说，他们习惯于，事实上，他们就是专门接待老年人的。但简在跨进门槛的那一刻就开始挑毛病，说绝不原谅索尼娅为她做出这样的选择。再后来，索尼娅离开伦敦去巴黎过更便宜一点的生活，我和其他人经常向简解释她的情况已经发生了变化，这时，简往往会说一句"可怜的索尼娅"，以此表示承认朋友的不幸，但她声音冷漠，眼睛里充满距离感。对她来说，已经离开的朋友，不可避免地就是拒绝了她的朋友。

因为简和我在一起时比较沉着镇定，所以当我收到一封来自她在贝肯汉姆的邻居的来信，说他对《藻海无边》受到的赞誉感到不满时，我非常震惊。针对导致她被捕的那次攻击性醉酒行为，他写了整整一篇毫不留情、令人信服的描述文字，还义不容辞地告诉了我有关马克斯的经历，这些，简之前从未向我提到过，因此，我将简的一些行为失检解释为压力下的崩溃。直到在她生命的最后几年，我才开始明白，她成年阶段的大部分时间里，令人厌恶的醉酒状态一直如影相随、断断续续，导致她最终崩溃。在此之前，以我和她相处的经验来看，她有无能和偏执的一面，我知道她需要帮助和安慰，也了解她的感激之情的肤浅本质（她收到弗朗西斯的礼物时，曾告诉玛丽冯说"我弄到了一点钱"，从她礼貌的缝隙中能瞥见这种态度的情况也并不少见）；但我也知道她经常很迷人，有一种老式的礼仪及良好的品味（她非常讨厌不友善的八卦），尤论她的混乱多么令人厌烦，令人疲累，我依然愿意做她的保姆。

"简委员会"没有为她找到新的住所其实并不重要。由于两个新朋友乔·巴特勒姆和吉尼·史蒂文斯的辛勤工作和聪明才智，她居住的平房逐渐变得更加舒适愉快，这终于让她可以和住在别处一样舒服，对索尼娅和我来为她打杂的人，还有其他来访者而言，情况也一样。吉尼甚至暂时接手了誊写员的工作（简不会打字，也害怕录音机，所以总是需要帮助）。像简的许多关系一样，这段关系以泪水告终，但在此之前，她已经将短篇小说集《睡吧，女士》完成了，如果没有这段友谊，这也是不可能的。

与此同时，简的财务状况奇迹般地变得有序，因为索尼娅给她推荐了一个既喜欢好文章、也喜欢喝酒的会计师。

有关简的混乱，用塞尔玛·瓦兹·迪亚斯的事儿就能很好地说明，这位女演员将《早安，午夜》改编成电台广播，视自己为简真正的"重新发现者"，这并非毫无道理。但塞尔玛的问题不仅仅是她宣称如此，而是她因此自认有资格成为强盗。

尽管人到中年，身材敦实，塞尔玛依然是个引人注目的女人，她有一双大胆的黑眼睛，穿着类似西班牙吉普赛人的衣服，精力充沛，非常健谈。简得知她为《早安，午夜》所做的计划后，又高兴又感激，两人见面后就常常混在一起，简还很喜欢她不时的来信。当简带着《藻海无边》的手稿到伦敦时，我知道她们本来计划要见面，所以在她被送进医院后打电话告诉了塞尔玛……随后的事情让我对她友谊的价值产生了怀疑。首先，我花了好大力气才说服她去医院看简，结果见面时间不仅非常短暂，塞尔玛还一直抱怨给自己带来了不便。我开车送她回家时，关于简她几乎只字不提，只说了一句话："你一定知道她以前做过妓女吧？"

糟糕的事还在后头。《藻海无边》出版后，简对我说起，她很担心塞尔玛逼她签过什么东西。后来我们才发现，1963年塞尔玛去切里顿见简时，曾拿出过"一张纸"，简以为是涉及《早安、午夜》《黑暗中的航行》和《藻海无边》的广播权，但事实上，合同内容包含在全世界范围内，只要这些书还在版权期内，其所有电影、舞台、电视或广播改编收益的百分之五十都必须分给塞尔玛，同时还授予塞尔玛对此类改编的唯一艺术控制权。简反复跟我说，她觉得当时签字就是个玩笑："你看，我那时候喝得有点多……嗯，有点，其实是非常多。"但两年后，塞尔玛找了一位经纪人以更正规的条款重新拟定了同样的协议，写信问简是否愿意再次签署，简显然觉得自己应该这么做，于是还真的签了（那个经纪人从未见过简，所以我猜他不知道她在实际问题上有多愚蠢，否则他会更强硬的）。

起初我并不太担心，因为我无法相信如此离谱的事能站得住脚。我觉得塞尔玛自己肯定也懂的吧，这肯定会被证明是个愚蠢的想法啊。后来安德烈·多伊奇和我一起跟塞尔玛的丈夫谈了谈，他显然非常尴尬，却坚持说自己无能为力。于是安德烈对我说："你把这件事情写下来，我寄给阿诺德看看。"

"阿诺德"指的是阿诺德·古德曼，当时虽然还不是勋爵，但已经是英国最著名的律师，同时也是安德烈的精神导师。我感到希望重新燃起，阿诺德一定会拯救这一切。但阿诺德说，这是合同，如果有人傻到去签署自己完全不理解的合同，不管签的时候是醉酒还是清醒，都只能说很遗憾。我从此不再期待从律师那里听到任何好消息，大概就源于那天愤怒的无力感吧。

我已经忘了我是怎么知道戏剧经纪人玛格丽特·拉姆齐曾经是塞尔玛的经纪人兼朋友的，但我确实知道此事，于是忽然有了个灵感："如果有人能解决这个问题，就非那匹小战马莫属了。"玛格丽特讲起话来别人根本插不进去，我一提到塞尔玛的名字，她就开始滔滔不绝地拒绝，过了一两分钟我才打住了她的话头，提到了简，并向她解释了面临的问题，她听懂我的意思之后说："天哪！这简直太骇人听闻了！不能让塞尔玛得逞，让我来处理！"我真是感激不尽。

但就算是玛格丽特也没能让塞尔玛取消合同，但她确实将百分之五十降到了三分之一，更重要的是，她取消了赋予塞尔玛艺术控制权的条款，办法是以某种方式钻入了她那顽固的脑袋，让她以为这个条款会导致她无法向任何人出售此类权利。

从那时起，玛格丽特·拉姆齐就开始负责处理简所有的电影、舞台、电视和广播版权。几年后，我们将她的其他文学事务交给了经纪人安东尼·谢尔，这真是迟来的、深刻的解脱。因为在此之前，简遇到的几乎任何人都可以并经常成为她的经纪人，其后果尽管没有再像塞尔玛事件那样可怕，却也经常适得其反，一片混乱，令人发狂。

虽然在简的文本上，我从来没有做过什么修改工作，但我确实曾阻止过她将一个故事放入《睡吧，女士》中。弗朗西斯也建议她不要这样做，我现在已经不记得是谁第一个提出这个问题了。弗朗西斯的私人文稿目录中，在《皇家大道》的书稿旁有这样一条附注："里斯小姐已经声明出版商拒绝将此故事列入《睡吧，女士》，认为语气上涉嫌反黑人。"说得没错，只是过于简单了。

简与 19 世纪末出生的其他多米尼克白人在很多方面态度相同。尽管她经常谈到在孩提时代，她曾多么渴望成为黑人，因为与白人相比，黑人的生活没有那么无聊狭小，但这只是对现有框架的浪漫反叛，而不是拒绝。我认识她的时候，她说话的方式，有时会不自觉地带着一丝蔑视，就像加勒比种植园的老人们一样，会形容她喜欢的黑人们"忠诚"，还说一旦"我们"不存在，"他们"就会把事情弄得多糟（这就是《皇家大道》的麻烦），诸如此类。我是 20 世纪 60 年代典型的白人自由主义者，不喜欢听到这样的话语，但她说得如此自然，总让我惊叹她在

《藻海无边》里，能做到坚持作家的信念，超越了自我。

她的信念，说起来很简单，但实际上非常难以遵循——必须说实话，必须让真相大白。卡罗尔·安吉尔在简的传记中讲述过，她是如何以这种狂热的努力来促使自己通过写作理解自己受损的本性，并驱使她在最后一部小说中真实地展示了多米尼克的种族痛苦，但在《皇家大道》中，她并没有做到这一点。

奇怪的是，弗朗西斯和我当时都没有意识到她其实根本做不到。我们只是对故事的语气感到不安，却没想到这是我们对简的重大误解（尽管可以解释）。在故事中，简塑造的人物多年后故地重游，想沿着自己童年时就建起的跨岛公路——皇家大道穿越多米尼克，但令她非常沮丧的是，她发现"他们"已经任由它被森林吞没，这条路已经不复存在了。

简在孩提时代，曾亲眼目睹皇家大道的开通仪式，她自然地认为，既然宣布开通，那一定已经完成，没人向她解释过，这条路其实只建到了管理员庄园所在的岛中间的某一位置，只是一条全长仅五英里的碎石路。三十年后，她认为由于"他们"的疏忽而消失的，实际上从未由"我们"建成。所以这个故事比弗朗西斯和我所感觉到的更加"错误"，了解到历史真相后，我就更高兴了，因为她没因固执己见将其包含在内（当然，如果她真的想，也是完全可以做到的）。

这与《藻海无边》形成了鲜明的对比。在那部小说中，故事的讲述者是这样的：他的生活因奴隶解放而遭到破坏，他因黑人现在可以自由地对白人表现出敌意而感到困惑、愤怒和悲伤。但因为观察得精准，黑人和混血儿在其中也可以发出自己的声音，读者能够理解为什么库里布里会被烧毁，为什么丹尼尔·科士威会变成这么一个讨厌之人，为什么蒂娅走到了安托瓦内特的对立面，事实上，她从来就没真正成为她的朋友，这对她们两人都非常残酷。安托瓦内特的世界，并不是因这些人的恶意被毒害的，只是因为她的家人一直是他们的主人，像牲口一样对待他们才导致的。简并没有在书里明确地说出这一点，但确实展现了这一点。简写得好的时候，比日常生活中的自己要透彻得多。我不想出版她的《皇家大道》，是因为我不想让任何人将一个能在重要时刻从这样的高度战胜自己局限性的作家，作为种族主义者来鄙视。

　　简开始写她的最后一本书——自传《请微笑》时，年纪已经很大，需要有人帮助，但并不是我（我只是读她的稿子，并随着故事进展发出点鼓励性的"杂音"）……她总是需要有人帮她打字，而且坚持认为帮她的人所做的事也仅此而已。但小说家大卫·普兰特自愿做这本书的打字员，在从她嘴里套出材料并组织文字方面，确实做了不少事儿，远远超出她承认的范围。有一段时间，她对他的所作所为感到恐慌，告诉我他已经接管了那本书，要将它变成自己的，但他其实只是用"剪刀"和"糨糊"，将她提供的材料按正确的顺序排列而已。等她开始读书稿，看到依然是用自己的话说着自己的故事，就或多或少放松了。那是一段艰难的时光，是她在伦敦的最后一个冬天，在酒店里她已经无法独自应付了，因此戴安娜·梅莉无比慷慨地将她带回自己家（还将自己的卧室让给了她）住了三个月。享受了几个星期的快乐之后，简陷入一种老糊涂状态，而且继续酗酒。大卫遇到的问题是如果他和她一起喝酒，那她就会很快崩溃；但如果他拒绝一起喝酒，她就会桀骜不驯地发脾气，他必须平衡好两端。我还记得有一次我与他和戴安娜一起，三人挤在厨房的桌子旁，大家都同意需要一个人上楼去把酒杯从简房间里拿出来……最后戴安娜说："天哪，我们加起来都不如一包湿纸巾有用。"不管怎样，这本书完成了，也许不是她想要的，但确实比她预想的更有价值。

事实上，《请微笑》这本书，是简写作凝练能力的一个非凡例子，它囊括了有关简自己的一切重要的东西，尽管有时只是轻描淡写地触及，读者如果不专注就可能忽略。就好像她内心深处的某种与意识完全分离的东西仍在掌控她，仍在帮她做出选择和决定。我一直觉得，就在写那本书约一年前，我就在工作中看到了那东西一闪而过的身影。

《睡吧，女士》的校样是简在伦敦时打印出来的，她告诉我她有点担心自己不再能集中精力，核不了稿。所以我建议由我大声读给她听，用很慢的速度，每次控制在二十分钟。但一旦开始，她立刻就变成了另外一个人，神色严肃，眼睛半闭，注意力非常集中。当我读到第一稿清样的中途，她忽然说："等一下，回到开头，应该是第三行左右，那里写着'以及然后'，用句号代替'以及'，然后换行。"原来，她早把全部文字都记在脑海里了。

这件小事让我清晰地瞥见了简·里斯的核心奥秘，一个如此无能之人，一个承受了混乱、灾难，甚至毁灭的人，内心是钢铁般坚强的艺术家。

正是这件事让我写下这些文字，是我为"一部永远不会写的传记所写的笔记"。

母亲　一个在紧身胸衣外穿着深色哔叽骑马装的女人，沿着穿过森林的小径在棕榈树下的沙滩上慢跑，小径上铺满像手、像锯子、像大象耳朵一样的落叶。

她把芒果从早餐桌上撤了下去，让孩子们喝粥，粥是块状的，因为它是由更擅长做卡拉洛[1]的黝黑的纤长手指煮出来的。她还让孩子们穿上粥色的羊毛内衣。

"你会出什么事呢？"她说。

1　一种加勒比地区的蔬菜菜肴。

尽管她非常照顾他们，但他们还是处于看起来不像英国人的危险之中。她的祖父在森林里盖了一所房子，还娶了个长发垂腰的漂亮妻子。但她的头发和眼睛，都是黑色的。

只有一个孩子的皮肤是粉白色，眼睛是蓝色的，这是英国人的证明。但为什么爱她是如此困难的一件事？

那个孩子从不提问，也不说话。她如饥似渴地听着厨房里传来的笑声，管理者的妻子来喝茶时，她就陷入闷闷不乐的沉默中，任由老男人们的目光停留在她身上。

"你会出什么事呢？"一旦问出来，问题就似乎更加紧迫，甚至愤怒。但过了一会儿，就没再追问了，因为所谓的好又是怎样的状态？谁不会因为任性而烦恼，而疲惫？

但孩子顺从了母亲的愿望。听话地梦想着英国。"我抵达那里的时侯，"她这么梦想着，

"会像诗一样，而不是像她所描述的。"当她真的抵达那里，她发现了深色哔叽、粥和粥色内衣。"我可怜的母亲。"她后来这么说。她很久以前就决定永远不原谅那个国家的所有人，所以对于那个女人，她只能说这么多。

父亲 一个头戴巴拿马草帽、身穿白色亚麻西服的男人，为了让家人生活得更好一点而离开了家。"医生在家吗？"这些声音有时很吓人，只有他能帮忙。他经常不在家，在家时也不能被打搅，所以过了很长时间他才走进房间，发现孩子们正对着那盘块状粥大哭。"这种天气吃这个！"他说。那之后，她的早餐就变成将一个鸡蛋打进牛奶，再加上糖和肉豆蔻调味。

他喜欢她调配的晚间饮料，她仔细地量出朗姆酒和酸橙汁，在玻璃杯上磨碎一点点肉豆蔻，她知道自己穿着白色连衣裙，罩着羊毛背心，会显得非常漂亮。

圣诞节的儿童读物是他母亲寄来的，玻璃柜里所有的成人书籍都是他的，除了那本《撒旦的悲伤》是她母亲的。他还是个孩子时，离家出走当了水手，因为周围的人不友善，他无法忍受。

他死后，没有钱，没有爱，她意识到从此以后没人可以依靠。但是，"我一直很感激父亲，"她后来说，"因为他让我懂得，如果实在无法忍受某事，还可以逃跑。"

他们的女儿　她不想伤害这个男人，但还是跟他一起走了。她的新梦想是巴黎，他能带她去那里。他出现时，她的运气实在太糟了，应该得到点好运来改变命运。她想："可怜的男人，我对此感到抱歉，但如果他没有出现，让我的生活变得稍好一点儿，我早就完了。"

她不想让孩子死，但当孩子的脸色变得很奇怪，什么也不吃时，她想："这个可怜的孩子，脸色很奇怪，也不吃东西，我不知道该怎么办。我不会应付。"所以她把孩子带到医院，直接把孩子留在了那里。医院写信告诉她孩子死了，她看到生活一如既往的残酷。但确实也没那么困难了。

　　她想要留下另一个孩子，但能把她放在哪儿呢？怎么才能喂饱她？她想："也许有一天我会时来运转，到那时候再去把她接回来吧。"她的运气确实变好了，之后也不时能见到孩子，但孩子爱父亲胜过爱她。这不公平。但确实让生活变得不那么困难了。

　　对残忍，她从不感到惊讶，因为她一直能听到残忍在门下东嗅嗅西嗅嗅的声音，这一切困难重重，令人筋疲力尽，全是她的错。她知道那些想要蓝天、漂亮衣服、善良男人的人，都会自己出去寻找，但她不擅长这些，她从来不会干这些事。她唯一能做的就是等着自己时来运转，此外还会做梦。"如果非常努力地做梦，有时就会成真"，于是她非常努力地做梦，失败时，就更努力地做梦。但她再努力，也没有摆脱掉自己的才华。她逃跑，她躲避，她隐匿，但才华总是在那里。一次又一次，逼她站起来，听着门嘎嘎作响，把她听到的一切变成了尽可能准确的语言。谈到自己的才华时，她说："我讨厌它，因为它让我擅长一件如此艰难的事。"

也许她确实是这么认为的。她看不到工作时的自己。那时她的眼神中流露出的，是一个完整而无畏的存在——没有自怨自艾，而是非常清楚自己想做什么以及如何去做。

阿尔弗雷德·切斯特[1]

我可能是英国唯一记得阿尔弗雷德·切斯特和他的书的人，他写的东西实在太奇怪了，无法吸引大量读者，而我们一直也没能解决这个问题。但他仍然是我因为出版而认识的最杰出的人。自从他1971年去世以来，我和他在美国的朋友们一直在为他寻找新的读者群，也经常想到并说起，认识他是我们最重要的人生经历之一。

1956年我第一次见到他时，他刚二十六岁，那年我们出版了他的小说《杰米是我心中所愿》（*Jamie*

1　阿尔弗雷德·切斯特（Alfred Chester，1928—1971），美国作家，以具有挑战性的实验型作品闻名，代表作《精致的尸体》（*The Exquisite Corpse*）、短篇小说《当我上楼梯时》（*As I Was Going Up the Stair*）入选"美国最佳短篇小说"。

Is My Heart's Desire）以及他的短篇集《龙在这里》（*Here Be Dragons*）。我的第一印象？最先的感觉大概是丑，他戴着假发，没有眉毛也没有眼睫毛，眼睛也是浅色的，身材矮胖。但紧接着，我就发现了他的开朗和有趣，没过多久，我就喜欢上了他的长相。

他同时还会让人产生敬畏之感，既因为他的散文，也因为他的个性。阿尔弗雷德戴着假发，从来没戴过面具，但他坐在那里，就是阿尔弗雷德，任何人都无法改变这一点。如同一块石英般坚定。

他从巴黎来到伦敦，在巴黎的日子里，他一直在自由的绿茵上撒欢奔跑，尽力摆脱自己那传统、甚至庸俗的布鲁克林犹太家庭。像苏珊·桑塔格[1]和辛西娅·欧芝克[2]这些出色的纽约年轻人，从学生时代就认识他，满怀紧张地注视着他，担心他将来会比自己更出色，但他之后不得不离开。此时，他正处于刚发表了第一部小说的欢欣状态，准备享受即将发生的一切事、一切人。每次遇到他，无论是单

1　苏珊·桑塔格（Susan Sontag，1933—2004），美国著名的作家和评论家，代表作《疾病的隐喻》。

2　辛西娅·欧芝克（Cynthia Ozick，1928—　），美国短篇小说家、散文家，美国笔会奖和纳博科夫与马拉默德小说奖双料得主，同样也是国家图书评论奖得主。代表作《大披巾》（*The Shawl*）。

独遇到还是在聚会上，都让我想起托尔斯泰笔下的娜塔莎·罗斯托娃[1]与自己的诱惑者相遇，立刻意识到自己和这个男人之间没有任何通常意义上的障碍时所感受到的兴奋和惊恐。有时，在友谊的层面上也可能存在着类似性接触的冲击，即立刻意识到在这个人面前无需隐藏。在阿尔弗雷德面前，我就感受到了这一点（尽管在这种开朗心态的正中有个小小的暗坑——我永远不会和他谈起他的假发）。

他第二次来访时，带着自己的情人，一位非常英俊的年轻钢琴家，名叫亚瑟。我和他们一起去他们租来的洞穴般的公寓吃晚饭，亚瑟长久地、渴望地凝视着李斯特的一幅肖像，我则一直想弄清楚阿尔弗雷德到底是这个家庭里的丈夫还是妻子（异性恋者总是想要归类同性恋者的角色）。我最终认定，无论如何，在那天晚上，他的主要角色是母亲。

那是他第一次跟我谈起身份问题，向我解释没有身份感是多么痛苦的一件事，如同缺乏基本的"自我"，只能作为一系列行为而存在。他问我是否有关于自我的基本、持续的认同感，我很不想回答

---

1 托尔斯泰的代表作《战争与和平》中的人物。

说"有"，因为与他所说的情况相比，我这种缺乏焦虑的心态既普遍又无趣，但我最终还是把这种不想承认的心情放在了一边，因为我没太把他这个问题当回事。像石英一样的阿尔弗雷德，怎么会觉得自己没有基本的身份认同感呢？

不管怎么样，我到现在还清楚地记得那次长长的谈话。也许我不过是马后炮，但现在看来，当时确实有一种轻微的不安在我脑海中浮动。

1956 年至 1957 年间，我们通了很多信，其中有一段现在回看，他明显表现出了精神错乱的迹象。

为了躲避警察，我正穿过美丽得难以置信的卢森堡（位于城市中心的一条山谷），绕道布鲁塞尔又回到巴黎，36 个小时不眠不休，结果却发现没人在追我。除非他们真的特别聪明。你是知道的，一旦写完了书，我就能那么干。

这一段就很像偏执狂吧。最后一句和前两句有什么关系呢？但当时这封信并没怎么让我不安。信的其他部分都很正常愉快，相比阿尔弗雷德，我的生活太过清醒了，这一定让我觉得他的生活里很可能包含某些神秘事件吧。

我自己的一封日期为 1959 年 7 月的信提醒我，他的某次伦敦来访，结束时没打招呼人就消失了。

> ……有一次，很久之前的某个时候，伦敦发生了一场非同寻常的恐慌。当时约翰·达文波特一直给我打电话，伊丽莎白·蒙塔古也一直在给我打电话，而我一直给 JD 和 EM 打电话，他们俩则一直在互相打电话，最后我们甚至打算集体前往凯旋门，确认你是真的消失了，而不是躺在哪里病得奄奄一息，或死了，或被逮捕了。过了一会儿，我们互相讨论说："瞧，如果发生了这些事，我们怎么都会听到消息的吧。所以不管他在哪儿，一定没事。"后来我们就放弃寻找了。

失踪大约一年后，一位来访的纽约人告诉我说阿尔弗雷德已经回到纽约，还给了我一个地址。我于是写了前面这封信，阿尔弗雷德回信说的确如此，他厌倦了希腊，现在安顿在格林威治村的一间公寓里，"还有屋顶花园呢！"我随后去纽约出差时再次见到他，就是在这里，就位于沙利文街剧院的上方，一间几乎没有家具的房间，到那里时，我发现我们的友谊完好如初。

阿尔弗雷德不得不在前头领着我上楼梯，因为他正跟房东处在矛盾中，房东经常将扫帚和水桶留在黑暗中绊倒他，让他撞上摇摇晃晃的栏杆。我们向上攀爬时，他津津有味地描述了他们的矛盾发生过程。此刻还是白天，所以他带着我直奔屋顶，展示屋顶花园，只见屋顶表面铺着一层被热气软化的沥青，上面布满了厚厚的狗粪。我尽职尽责地靠在栏杆上享受着景色和清新的微风，同时感到震惊。在我的家庭中，狗儿们是准神圣的动物，我从小就明白它们从未要求自己属于人类，考虑到我们是为了自己的快乐而接管了它们，我们的责任就不仅仅是去爱它们，还应该顺应它们的本性来对待它们。所以，我从不会去遛狗，或让它们在靠近自己巢穴的地方拉屎——成年狗狗，除了那些不太聪明的，都不喜欢弄脏自己的住处。我很快就看出阿尔弗雷德从希腊救出的两条狗——他心爱的哥伦拜恩和斯库拉——是一对野蛮的夫妇，非常喜欢在屋顶上拉屎。实际上，它们在放着它们床垫的地板上也拉，从来没有接受过居家训练，当然斯库拉无论如何也谈不上聪明，但看到阿尔弗雷德让他的狗生活成这样，我还是觉得有些尴尬。

等我们就着烛光（估计电线已经被房东切断了）坐下来吃酸奶油蘑菇和优质牛排时，天已经黑了，昏暗的灯光照亮了精心布置的餐桌，掩盖了房间的空荡和尘土。吃到一半，听到有人走上楼梯的声音，阿尔弗雷德示意我别说话，还吹灭了蜡烛。这时传来了敲门声和拖着脚走路的声音，我们屏住了呼吸，又一次敲门声，我们再次屏息，然后来访者就走了。阿尔弗雷德重新点燃蜡烛，看起来有点自鸣得意："我知道那是谁。是个我不想再见到的男孩。"

这让我们谈论起他的不幸，他的挚爱中他用情最真、最持久的亚瑟，已经离开了他。他试图强迫自己禁欲般地接受孤独，却像个傻瓜一样，陷入不断的希望、不断的失望或以更糟的情况告终的境地。楼梯上的男孩就是他最新的失望对象，他只是偶然结识了他，结果证明还是不行。我说："可是阿尔弗雷德，亲爱的，你为什么认为在小便池边随便认识的人会立刻变成你的真爱呢？"对这个问题，他居高临下地回答说我一点都不浪漫。

这次访问，为我打造了我有关纽约最棒的回忆，而它们全是阿尔弗雷德带给我的：首先是向我展示了这座城市只需花五分钱就可以获得的唯一乐趣，之后还带我去了康尼岛。五分钱的乐趣是以单程票价乘坐史坦顿岛渡轮来回，这意味着我在单程旅程快结束时必须躲起来而不是下船。夏日傍晚，水光和浮标上挂铃的叮咚声几乎将曼哈顿变成威尼斯，景色确实非常迷人。康尼岛也非常漂亮，海水拍打着暗褐色的沙子，陷入沉睡，脚底下木板路的咯吱声让人想起了过去的夏日，这场景似乎神秘得似曾相识。我们坐在沙滩上，看着降落伞的白花打开又飘下，打开又飘下……阿尔弗雷德跟我开玩笑，让我也去试着跳伞，但我一向害怕游乐场的各种刺激，就是不肯去。他也不敢去跳，于是就开始讲起各种著名的跳伞事故。还指给我看他小时候经常爬到木板路下的秘密跑道，告诉我各种作弊的方法，如何能在不付费的情况下看到这个、完成那个。他非常喜欢小时候逃学到这里的自己，为自己开发了这个地方的种种乐趣而感到自豪。当我们并排坐地铁回家时，我觉得和之前相比，纽约更轻松地接纳了我。但我不记得他曾谈论过作为一个令人头痛的评论家，在纽约文学界引起很大轰动的乐趣，但这就是他当时的状态。

作为叫好但不叫座的书的出版商是件令人不愉快的事。部分是出于内疚——我们是否错过了机会？可以更有效地这样或那样做吗？部分是出于愤怒——他真的觉得我们为了他的书可以无视所有商业考量吗？阿尔弗雷德以喜欢对出版商和代理商提不合理的要求来迫害他们而闻名。但对我们来说，他不过是脾气暴躁一点而已，我感受到的大部分不安来自我对自己的失望，而不是他的欺凌。在英国，他几乎完全被忽视了，一些评论家对他的聪明才智和本质上不同寻常的想象力敷衍了事地认可了一下，但更多的评论家根本没有提到过他。我们的小说产品线确实受到文学编辑们的好评，我也给他们写了有关阿尔弗雷德的私人信件。我不禁想，这是不是反而让效果适得其反，是否他们确实很不喜欢他的作品，因此决定与其批评，还不如完全不评论？只有优秀的批评家约翰·达文波特因为钦佩阿尔弗雷德的作品而成为他的朋友，以敏锐的热情为他说话。

我已经忘了阿尔弗雷德是在什么时候搬到摩洛

哥的，以及他为什么这样做（保罗·鲍尔斯之前在纽约的一个聚会上提出过这个建议）。我现在还保留着我收到的第一封带有丹吉尔[1]地址的信件，那是 1965 年初，他的短篇集《看，歌利亚》（*Behold Goliath*）在英国刚出版后不久他写来的。

亲爱的"老鼠"：

你为什么还不给我写信？

你为什么不告诉我书已经出版了？

你为什么不给我寄样书？

你为什么还没给我寄评论？

我不想为难你，问你为什么不用巴勒斯[2]的评论，但还是希望你自愿做出解释。请你给我回信。

我打算来一趟英国，要么开着我值得信赖的小奥斯丁，要么坐令我害怕的飞机。我要和我的摩洛哥男朋友一起来，这次旅行的真正目的是给他的脚做手术。因为他有风湿病，有骨

1　摩洛哥北部城市。

2　威廉·巴勒斯（William Burroughs, 1914—1997），美国"垮掉的一代"代表作家，代表作《裸体午餐》。

刺，左脚后跟骨头有增生。我很怕这里的医生。但请保守这个秘密，因为如果他们发现，可能会不让我们入境英国……如果你能帮我找外科医生、骨外科医生或骨科专家问问，我将不胜感激。我还有点钱，所以不一定是健康保险的事，尽管这也会有所帮助……他们过去总是在边境上对我大惊小怪，所以这次肯定也会对德里斯大惊小怪的。所以我打算告诉他们，我们计划夏天拜访你。希望这对你来说没问题（我只是这么说说，不是为了留下不走），如果他们给你打电话或什么的，请你回答有这么回事。请立即回信。

哦，不知道诺曼［格拉斯］有没有提到过，我已经不戴假发了。我想我还是提前告诉你一声，省得你看到我吓一跳。我更喜欢现在的样子，但还是觉得有点不安。

爱德华［菲尔德］说我必须立即给你和莫妮克·内森[1]一本《精致的尸体》。爱泼斯坦[2]说："我非常怀疑自己能否以让你满意的方式出版这

1　他在巴黎塞伊出版社的编辑。——原注
2　他在纽约兰登书屋的编辑。——原注

本书，我也不想在对《歌利亚》推销失利的情况下再雪上加霜。还有一个原因则与本书有关。我承认它的出众之处，或更准确地说，我看得出你的才华，但必须坦白，我对你的意图感到困惑，我担心自己不知该如何有效地展示它。我不是说这本书对我没有吸引力，而是我只能部分理解它。或者说，在某种程度上它更像一首诗而不是一本小说，尽管这种区别是否能说明什么问题还是个谜。"

这本书对他来说过于简单。就像一本儿童读物，需要读者的天真。但请想象一下要求杰森·爱泼斯坦天真……

我来的时候会让你看看这本书的。**请给我回信。爱。**

我的回复：

我确实告诉过你出版日期，也给你寄了样书，或更确切地说，按照惯例，样书寄给了你的代理人（如果 A. M. 希斯还是你的代理人的话，因为合同上是这么写的。我今天早上打电话给他们，他们说今天已经邮寄出六本样书给你了，不知道之前为什么没有寄出）。下面是主要评论的复印版［我没有对此进行评论，为了凸显其令人失望的性质］。我没有在书封上引用巴勒斯的评论，因为销售人员不让我这么做，在这里，除了极少数人之外，大部分人都觉得巴勒斯是个异常危险及淫秽之人，他们不想为了少数人而过度展示。我应该早告诉你这个。对不起。

随信附上一封邀请函，万一你办签证或过境需要。你能来真是太棒了……

你引述的杰森·爱泼斯坦的话让我哈哈大笑，我真的好像看到了一个被逼到墙角的、紧张万分的出版商，我也被他的反应吓到了。等着一个明知不同于一切的东西出现，因为害怕它的不同，而对它的命运产生了可怕的预感，真的没什么比这更让人心惊肉跳的了。我真的很想读读这本书。真好呀，真好呀，你很快就会来了。爱。

他的回信心情极佳，结尾是这么写的："至于

《精致的尸体》与众不同，确实如此，这可能和你从小到大读过的所有书都不同，但同时，也可能是最最美味的一本。"

我不可能拒绝《精致的尸体》，因为在我看来（直到现在仍然这么认为），它似乎在用不可抗拒的诱惑来吸引读者进入自己。阿尔弗雷德说得对，你必须像个孩子一样阅读这本书，必须仅仅为了想知道接下来会发生什么而阅读，而不是试图将"内在意义"强加于它。书名来自英国的一个名为"结果"（Consequences）的游戏，"精致的尸体"则是超现实主义者给它起的更具异国情调的名字。这个游戏现在还有人玩吗？玩法是一小群人拿着一张白纸，第一个人写下一个微小说的开头第一行，然后把这部分折起来，不让下一个人看到，然后下一个人再写下一行，再折起来……以此类推直到最后一个人，最后一个人写的内容，必须以"结果是"开头，此时打开整张纸，就会看到一个胡说八道的故事，但通常又具有令人愉悦的奇异效果。可以用文字，也可以用绘画的方式来玩这个游戏，我现在还记得自己童年时，和表兄弟们用这种方式画出的一个绝妙的怪物，比任何人单独想出来的都令人惊异，同时却很令人信服。阿尔弗雷德遵循这个游戏的规则，就好像在每章之间都折了起来，所以，当书前面已经出现过的人物再次出现时，你并不总能确定他们是同一个人，也许只是同名的其他角色？有时候，他们身上还会发生骇人听闻或淫秽的事（我到现在仍然觉得很难想象一个名叫"泽维尔"的角色看着父亲死去的场景）。通常都非常有趣，写作绝非"难事"，语法也没有任何实验性，读的时候也无需考虑有什么隐含的线索或微妙的联想，就这样，也永远不会对角色身上发生的事情产生怀疑。文字如此自然、自发、精确，使得整本书正如阿尔弗雷德所声称的，美味可口。这本书的奇怪之处完全在于那些事件，就像处于童话故事之中，写来却与汉斯·安徒生相距甚远（已经不能再远了）。

我被迷住了，但同时有两点让我感觉很不安。首先是我们没有比杰森·爱泼斯坦更强的将这本极其"与众不同"的书变成畅销书的能力，所以阿尔弗雷德注定会感到失望；第二是它让我觉得"再疯狂一点，就会显得太疯狂了"。

这与写作的完美空灵和事件的狂野形成的对比

有关。整本书的风格轻松、优雅、机智、甜美、理性，营造了幽默的效果，确实如此；营造了极具创造性的氛围，确实如此；但同时也营造了一些凶猛激烈的东西，激烈的、侵略性的，是绝望吗？如果侵略性的绝望朝着你大喊大嚷、乱撞乱摔，虽然痛苦，但也很合理。但如果它只是轻轻地、几乎是开玩笑地弹向你……嗯，你倒未必一定会觉得是胡说八道，因为如此清醒的东西无法称之为胡说八道，但是（就像杰森·爱泼斯坦一样）我不确定它到底形成了什么。我很着迷，同时很不安。我很不安，同时又很着迷。天平摇晃着，最后停在了着迷的一侧。这句话我必须使用现在时，因为多年后我再次重读它，反应就和第一次阅读时一模一样。

阿尔弗雷德和德里斯一同到达时，果然没戴假发。他看起来状态很好，整张脸，连同头皮、耳朵、脖子在内，全被摩洛哥的太阳均匀地晒成了浅黑色。虽然他自己已经打破了禁忌，我还是感到紧张，不得不鼓起勇气祝贺他的出现。不过他接受祝贺时，脸上显露的害羞快乐的表情可不是我捏造出来的。后来我才知道，由于童年的疾病导致他得了无毛症，不得不戴假发，这是他一生中遇到的最可怕的事，是一种几乎无法忍受的、屈辱与愤怒相混合的痛苦。因此将其扔掉，需要很大的勇气，对他也是一件非常重要的事情。

我想，摩洛哥给了他新的平静和自由，他表示同意。他对那个地方的描述是自由和温和。在那里，你可以像英国人喝茶一样自然地抽美味的大麻，异性恋和同性恋之间也没有严格的界限，你根本不必戴假发，因为任何人都可以完全做自己。我为他感到高兴，因为他找到了自己需要的地方。

几天后，他带着英俊、开朗的德里斯到我家吃晚饭，但因为我不会西班牙语，只能通过微笑与他交流。晚饭后，阿尔弗雷德让他去厨房洗碗，让我吃惊不小，但他们说服我，说他坐在那里听不懂英语也很无聊。不久，德里斯把头探进来，说我这里不应该没人干家务，还向我推荐了他弟弟。但阿尔弗雷德反对，说那个男孩虽然漂亮，却难以掌控，德里斯还经常不得不催着将他从声名狼藉的酒吧里抓出来呢。德里斯本人现在已经成为当地受人尊敬的楷模了，因为身边有个充满爱心、可靠的美国人，而阿尔弗雷德呢，他说自己有一天会成为德里斯婚礼上的嘉宾。

在摩洛哥，这就是他们关系结束的正确方式，德里斯的妻子未来也可能会为阿尔弗雷德洗衣服，他们的孩子也会成为他的家人。听起来非常田园诗。

当晚的高潮是讲起他们开车前往英国的冒险故事，阿尔弗雷德一边讲一边用西班牙语解释，让德里斯也能参与进来。他们在法国撞了车，警察赶来时，德里斯头上沾满鲜血，躺在地上。真的只有个划痕而已，但看起来很糟，德里斯呻吟着，翻着白眼，那是他脸上唯一能看到的白色。是的，是的，德里斯开心地插话，神采飞扬，阿尔弗雷德随后帮他翻译。此刻，他忽然想起，自己有个朋友在法国也出过车祸，被送进医院后，三餐全部免费！所以德里斯立刻决定自己也要被送去医院，这样就可以为阿尔弗雷德省钱了，而且，他灵机一动，觉得可以可怜巴巴地抱怨自己的脚也是在事故中受的伤，这样一来，就能免费做 X 光检查，还有饭吃，阿尔弗雷德就不必在伦敦花钱了。可惜这个绝妙的计谋没有成功，因为病房里不准吸烟，所以还没来得及拍 X 光，他就受不了，自己离开了医院。阿尔弗雷德说，后来他们在街上偶遇，纯粹是运气。

阿尔弗雷德的说法是，因为警察和救护人员一直大惊小怪，德里斯根本就没机会向他解释自己的计划，所以阿尔弗雷德眼睁睁地看着他不知向何处飞驰而去，漫无目的地晃了一天一夜，不知道怎么才能找到他，也不知道他是不是还活着。但后来我觉得有点奇怪，因为去问警察救护车去了哪里应该很容易，想找一家医院也不难。我想阿尔弗雷德一定是在事故中昏了头，尽管我从未见过他比"微嗨"更不清醒的状态，他总是小心翼翼地给我一种"微嗨"就是他极限的印象。我有时觉得他倾向于认为我有点简·奥斯丁风格，导致他避免在我面前呈现非简·奥斯丁风格的一面。

那次来访，我见他的次数并不多。他虽然又深情又随和，几个小时后，我还是发现自己成为导致他们气氛拘束的因素，我觉得他可能想抽大麻（当时我还不知道他同时还在使用其他药物），而我是不抽大麻的，所以我道完晚安就离开了，似乎真正的夜晚这才在我身后展开。德里斯的脚一直是个谜，他去看了医生，但并没有动手术，有人告诉我，骨刺被诊断为淋病的结果。我问阿尔弗雷德，他却含糊其辞，好像这件事已经不重要了。

两年后，阿尔弗雷德再次来访伦敦，着实出人意料。一天早上，我走进办公室，接待员从键盘后的椅子上抬了抬身子，示意有人正等着见我。我从拐角处瞥了一眼，是阿尔弗雷德，他弓着身子坐着，凝视着虚空。"天哪，麻烦来了……"这是我一瞬间的反应，尽管我以为他那个样子很可能是疲倦导致的。

我对他表示欢迎，带他到我办公室，问了些寻常的问题，得知他在从纽约返回摩洛哥的路上，因为要看牙医所以在此地停留一会儿。我能帮他找个牙医吗？我能让他干点打字的活儿赚点钱吗？当然可以。然后，他用一种表明这是来访真正目的的语气问我："你能打电话给首相，请他停止吗？"

停止什么？

那些声音。

我无法回答他，除非我骗他。那些声音让他发疯。让他无法安宁，最可怕的是，是这些声音，而不是他自己，写下了他作品里的每一个字。你没看到这有多可怕吗？得知自己从未存在过？甚至德里斯也站在声音的那边。它们经常在晚上出现，非常大声地嘲笑他。德里斯就睡在他旁边，一定也听到了，他坚持说自己没听到，一定是在撒谎。阿尔弗雷德需要打字并不是为了钱，而是因为打字声也许能盖住那些声音。

他之前在纽约，用刀袭击了自己的母亲（他还袭击过德里斯，但我不太记得是当时还是之后我才得知这些事情的）。他是因为我在菲斯跟他说的事，才来伦敦的，但我从没去过菲斯。哦，可是我去过，就在上周。他冷冷地看着我，我心里忽然响起了警铃，看到自己似乎也成了"他们"中的一员，成了敌人。我小心翼翼地说，菲斯的事让我很困惑，因为上周我的肉体确实在伦敦。

我还告诉他我从未见过首相（当时的首相是哈罗德·威尔逊），如果我真给首相打电话，也不会接通，如果可以的话，我可以联系国会议员。我还告诉他，我确信这些声音是错觉。他回答说他能理解我的怀疑，我一定认为他疯了，所以我能不能反过来理解，那些声音对他而言是真实的："就像行驶在街上的公共汽车一样真实？"是的，这我同意，这似乎有所帮助，让他能与我讨价还价：如果我真的去联系国会议员，证明我认真对待他，他就会认真对待我，去看看医生。

事情就此解决了，惊人地顺畅。我打电话给我的牙医，很快接通，当天下午就能见阿尔弗雷德。此外我们办公室确实有一份手稿需要重新打字。这两件事的运气似乎都是天意，因为我确信阿尔弗雷德会将任何延迟或困难解释为阻碍（他遵守了与牙医的所有预约，表现正常，手稿也打得完美无缺）。

他走后，我坐在那里开始发抖，哪怕遇到一个死人，我都不会如此震惊。然后我振作精神，和办公室里最可能了解"疯狂"的人讨论这个危机，他建议我打电话给塔维斯托克诊所寻求建议。当时梁医生和库珀医生正享有盛名，诊所里有人建议我联系梁医生，但他正好不在，秘书将我的电话转给了库珀医生。

库珀医生同意见见阿尔弗雷德，还告诉我既然已经说过要和议员谈谈，就必须这么做，欺骗他将是严重错误，还问我谁来付费用。阿尔弗雷德的家人吧？我即兴发挥道，衷心希望不会是我。第二天，我设法与阿尔弗雷德在纽约的兄弟联系上了，他同意付费，听起来很激动，但比阿尔弗雷德极少数几次提到他时所暗示的情况要好得多。然后我又打电话给熟人认识的一位议员，他说："你疯了吗？你知道我们国家有多少疯子吗？竟然要求我去停止那些声音……"

想到下午要告诉阿尔弗雷德议员不理会我们的要求，我非常忧心，于是要求我和他在一起时要有第三者在场，就在能听到我们声音的距离之内。出乎我的预料，他平静地接受了这个消息，尽管我没达成他的期望，他依然同意去见库珀医生。我开始明白我在菲斯时和他说话是什么意思了，他所有的朋友里，我最有可能将他的疯狂与生病联想到一起，再由此联想到医生，而且我们很少见面，尚未变成敌人。他想要证明这些声音是错的，想要有人强迫他接受治疗。而我被选中了。

尽管如此，他只去看过库珀医生一次，因为"我不喜欢他，他看起来像个爱尔兰博彩经纪人"。后来，库珀主动找来一个精神科社会工作者与他谈话，以帮助他度过这场危机，库珀告诉我这次如果顺利，阿尔弗雷德也许就不用经历下一次危机了。随后，一个愉快、热心的年轻人来找我，简单说明后就开始定期拜访阿尔弗雷德在偏远郊区找到的住所，大概是朋友借给他的，但我并不认识这个朋友。阿尔弗雷德如何看待他与这个社会工作者的谈话，他从未谈起。但这位年轻人告诉我，他很荣幸能与阿尔弗雷德这样的人交流。我记得自己很担心阿尔弗雷德会在年轻人将他拉回我们的世界之前，反而先把年轻人拉入自己的世界中去。

此后又过去了两三个星期，在此期间我给阿尔弗雷德打了几次电话，他听起来毫无精神。但我既没有邀请他来我家，也没有去拜访他。我知道我应该去见他，却一直往后推。这是我第一次见识精神疾病，在陌生而危险的领域中感到无所适从。很羞愧，在采取了我能想到的所有实际步骤后，我仅仅想到他就感到筋疲力尽，而我对他的感情还不足以克服这种疲惫感。还不是时候……也许下周……也许再下周吧……然后电话响起，是精神科社会工作者。他报告说阿尔弗雷德已经离开，去摩洛哥了，我感到一阵怀着愧疚的解脱，问他阿尔弗雷德是不是好点儿了，年轻人的声音半信半疑："无论如何，他做出了这个决定。"此后，我再也没有接到阿尔弗雷德的消息。

应该是他的纽约经纪人给我寄来了他的最后一部小说《脚》(*The Foot*) 的抄本，这部小说从未出版。里面有很多很棒的东西，特别是关于他的童年和掉头发的事，他第一次戴上假发，他写道，头骨就像被斧头劈开一样……但这本书的大部分内容已经超出边界，进入了声音的世界。读完《脚》后，我才明白为什么《精致的尸体》如此生动，比当时任何人能意识到的都生动，因为书里的奇怪事件对阿尔弗雷德来说"就像街上行驶的公共汽车"一样真实。他那时已经进入了疯狂的错位世界，只是仍然保持着自己的风格，并没有抛开读者远去，让他们在现实的边缘感到慌乱，而是有能力将读者带入其中。但写《脚》时，风格已经从掌控中滑走，到了这个时候，他的病症在摩洛哥的"自由和温和"中找到了营养，辅之以丰富的、美味的大麻，大获全胜。

不知不觉间，阿尔弗雷德给我留下了一份令人愉快的遗产，就是我最长久、最真诚的朋友——诗人爱德华·菲尔德[1]。几年前，爱德华为重振阿尔弗雷德在美国的声誉而不懈努力，为此与我取得了联

---

1 爱德华·菲尔德（Edward Field, 1924— ），美国诗人、作家，与搭档尼尔·德里克（Neil Derrick, 1931—2018）合著了关于格林威治村的历史小说，颇为畅销。戴安娜·阿西尔于2011年出版了与菲尔德的书信集 *Instead of a Book: Letters to a Friend*。

系，几乎没花什么时间，他和他的朋友、小说家尼尔·德里克就成了我最珍贵的朋友。爱德华告诉了我阿尔弗雷德最后的悲伤岁月。

回到摩洛哥后，他的行为变得非常古怪，不仅失去了所有朋友，还惊动了当局。他被从这个国家赶了出去，带着他新养的狗（已经不是哥伦拜恩和斯库拉了）搬到了以色列，在那里像个隐士般活着，仍然受到声音的折磨，疯狂地试图用酒精和毒品淹没它们。爱德华向我展示了可能是他写的最后一个东西，那是一篇打算在期刊上发表的文章，名为"以色列来信"。这真令人心碎。光彩不在，活力、幽默和想象力不再，文章里只有对自己的孤独和绝望感到困惑的痛苦。业已获胜的疯狂令他的写作变得比以往任何时候都更加平凡，这真是个痛苦的悖论。他所描述的世界不再是神奇的（神奇的恐怖，神奇的美丽），而是单调、残酷、乏味，"疯狂"是因为他认为自己一直遭受平凡和乏味的迫害，但对他人而言，这些全是他自己造成的。他最后可能是因为毒品和酒精导致心力衰竭，孤独地死在柤米的、他痛恨的屋子里。诚然，他的死谈不上令人遗憾，但对亲爱的、了不起的阿尔弗雷德的死有这种

感觉，非常令人悲伤。好在，现在有其他人一起加
入了爱德华的行列，致力于让他的作品在美国保持
活力，虽然目前仅是个小型运动，却也是一个真正
的运动。愿它茁壮成长！

V. S. 奈保尔

　　好的出版商应该能"发现"作者，也许他们确
实做到了。然而，对我来说，作者只是碰巧来到。
V. S. 奈保尔就是通过在 BBC 和他一起工作的安德
鲁·塞尔奇认识的，而安德鲁又是莫迪凯·里奇勒
带我去 SOHO 俱乐部喝酒时认识的。当安德鲁听说
我是莫迪凯的编辑时，便问我能否带一个年轻朋友
来见我，他刚写了些非常好的东西。几天后，维迪
亚就来到我们办公室附近的一家咖啡馆，将《米格
尔大街》交给了我。

　　读完后我非常高兴，同时也很担心，因为这是
本短篇小说集（尽管是相互关联的短篇故事）。而
安德烈·多伊奇一贯坚持的信条是，除非是很有名
的作者，否则短篇集都不好卖。所以和他谈之前，

我把书稿给了弗朗西斯·温德姆，他是我们的兼职"文学顾问"，弗朗西斯立刻热情地喜欢上了这本书。这可能打破了安德烈的平衡，他本能地不相信我对一个来自西印度群岛的人写的、有关没人感兴趣的、说着陌生方言的小地方的小书"做善事"的热情。而这还正好是本短篇集，安德烈可能觉得这一点挺好的，因为他能有借口说"不"了。但弗朗西斯同意我的观点，安德烈只好让我去找找作者是否还在写别的长篇小说，如果有就先出长篇，短篇集随后出版。幸运的是，维迪亚正在写《通灵的按摩师》。

我们本来可以先推出《米格尔大街》，实际上这本书在评论界受到的推崇比他的前两本长篇小说持久多了，在20世纪50年代，英国人眼里的黑人作家比年轻的白人作家更容易获得评论，评论也比现在对读者的影响大。出版商和评论家意识到新独立的殖民地正有新的声音发出来，部分出于真正的兴趣，部分出于乐观但不明智的预感，即认为那里有广阔的图书市场正待开发，他们觉得应该鼓励这些声音。这种趋势并没有持续多久，但确实有助于我们搭建一些优秀作者资源库。

此刻，维迪亚还没有自信到能摆脱我们的举棋不定，幸运的是，这对他也没有造成真正的伤害。他和我们都没从前三本书《通灵的按摩师》《埃尔维拉的选举权》和《米格尔大街》中赚到钱。但他毫无疑问出了名，首先是对书的评论，随后他自己作为评论家的工作也大大充实了他的名声。他作为小说家成名后，立刻获得了很多评论工作，他是个非常出色的评论家，与当时任何一位文学评论家一样阅读广博，正是这一点（而非他的第一本书）预示了这位作者将会拒绝掉"地域性的"这个形容词，并且理由充分。

我们开始常常见面，我很喜欢有他的陪伴，因为他针对写作和人方面的评论都很不错，也很有趣。刚开始的一次会面中，他严肃地说，他在牛津大学（他不喜欢那里）曾做过一件可怕的事，他永远不能告诉别人那是什么事，我回答说，透露了这么多却不进一步具体说明是不可原谅的，尤其是对像我这样觉得谋杀也没什么不能说的人。但我还是无法说服他，所以到最后也不知道那件可怕的事是什么。后来有人告诉我，他在牛津大学时患过某种精神崩溃症。但他不喜欢我喜欢的地方，这让我很痛苦，他对学问、高标准和传统这么有感觉，应该会喜欢那里……但不，他不让步。我从来没想过，他到牛津大学时可能会因为那里与自己的背景不同而感到不知所措，更不用说任何形式的种族侮辱了，因为在我眼里，他实在太厉害，根本想不到他会受到这种不适的影响。

维迪亚为了保护自尊心而投射的形象是如此强大，以至于四年后我读到《毕司沃斯先生的房子》，被他关于毕斯沃斯先生神经崩溃那段强有力的叙述所震撼，都没能将这种生动的痛苦与他自己的"神经崩溃"联系起来。在他牛津大学的真实经历和我之间，站着一个他想让人们看到的自己。

在那个阶段我并不知道他是为什么以及如何拒绝特立尼达的，就算知道，也无法理解不接受自己出生的国家是什么感觉。维迪亚的书（尤其是三十七年之后成书的《世间之路》）教会了我很多，但当时，我无法想象一个人感觉不属于自己的"家园"，也不属于其他任何地方，被迫遗世独立的状态；也无法了解这种状况多么不稳定、多么令人筋疲力尽（无知的年轻人或许会满不在乎地认为这值得向往）。维迪亚的自我，即本质，就是写作，这是一份伟大的天赋，也是他唯一拥有之物。他后来还公开说过，在开启职业生涯的十年后，当他已经获得了别人眼里显而易见的安全感，他仍然在为下一本书、再下一本书写什么而焦虑不安……这种焦虑不仅为了谋生，还为了要成为他想成为之人。难怪，只要他还在寻找自己的写作方式，他就处于危险之中，在这种情况下，他还能成为外人眼里的彪悍之人，很不寻常[1]。

这倒不是说我没看到他神经系统明显的脆弱之处。正因为见过，我经常担心他缺钱，有一次我看着他冒着失去佣金的风险，拒绝《泰晤士报文学增刊》给他开出的惯例 25 英镑（也许是几尼？）的评论费，傲慢地回复说不给到 50 英镑就什么也不写，我非常震惊。"哦，愚蠢的维迪亚，"我想，"现在他们再也不会给他任何机会了。"但是瞧啊！他们竟然付了 50 英镑，我真是非常钦佩。他当然是对的，作者应该懂得自己的价值，拒绝少得可笑的侮辱性金额。

我当时钦佩他倒是没什么不对，但问题是这种

---

[1] 为了写这篇文章，我读了维迪亚在牛津大学期间与父亲的通信。《奈保尔家书》（*Letters Between a Father and Son*）充分揭示了儿子的孤独与痛苦，呈现给世人更加不同凡俗的一面。——原注

自尊很容易发展成一种不讨人喜欢的个性。而人的道德品质里，可取与可悲间的界限非常模糊，在宽容与缺乏鉴别力、谨慎与懦弱、慷慨与奢侈之间也是如此，因此一个人对自己价值的正确认识从什么时候变成了或多或少的自命不凡，很不容易判断。回想起来，我觉得维迪亚花了八九年时间展现了这一过程，而且他的观众们至少应该为此承担部分责任。

例如，见面一年左右后，我们在酒吧或餐馆吃饭，我开始注意到维迪亚有时会因被带去一家便宜餐馆，或上了一瓶便宜葡萄酒而恼火，注意到这一点的唯一结果是（除了我偷偷地觉得有趣之外），我后来会小心翼翼地让他选餐厅和葡萄酒。这种别冒犯他的谨慎，我认为几乎所有他的英国朋友身上都有，这种谨慎来自一种假设，即他如此渴望获得尊重，是因为害怕因自己的种族而遭到拒绝，这导致朋友们担心、也不想自己可能被视为种族主义者。若一个人厌恶并努力消除某种态度，往往会导致这种态度更容易被察觉，维迪亚在英国工作的最初几年之所以受到宠溺，正是因为朋友们决定无视他们察觉到的东西。

当然，情况后来发生了变化。朋友们因为太过熟识，已经不再把他看作他，而陌生人则仅仅把他看作一个著名作家，最重要的是，他让人们畏惧。此外，他的个性尖锐而有压迫感，因此人们大多只是顺着他，而不是从他敏感的角度考虑。在这种情况下，当他第一次将自己从养育他的酸薄土壤中拉出，努力在英国寻找接受他作品的人时，很容易让人低估这种敏感所承受的痛苦和压力，无论他受到多么热烈的欢迎，都永远没有归属感。

在 20 世纪 60 年代，我曾两次拜访刚刚独立的特立尼达和多巴哥诸岛，觉得非常愉快：那里有美丽的热带森林和海洋，因文化差异而激起的兴奋感，善良的人群，以及嘉年华的惊人美景。（与维迪亚不同，我喜欢钢鼓乐队，哦，我还记得嘉年华开幕日那天，乐声从西班牙港边缘穿过凌晨四点的黑暗而来！）在西班牙港的最后一个早晨，我听到当地人称为"keskidee"的鸟鸣（叫声确实很像法语"**他说什么**"[1]）时，想到自己可能再也不能听到这歌唱，内心

---

1 法语：Qu'est-ce qu'il dit?（他说什么？），读音与"keskidee"相似。

一阵刺痛。但我从来没有忘记,我眼里的岛屿只是游客眼里的岛屿,所以除了前述我爱的回忆,还有另外三段同样清晰的记忆,一段来自这个国家较高的社会阶层,另外两段来自相对较低的阶层(但绝不是底层)。

第一,维迪亚写的关于这个国家的历史《失落的黄金国》现在很少被人提及了,但我认为这是他最好的非虚构类书籍,在当时,这本书刚刚出版。我遇到的每个人,包括该国总理埃里克·威廉姆斯和诗人德里克·沃尔科特[1],都以贬损的态度谈论这本书,而这却正好暴露了他们其实根本没读过这本书。后来,在反对党领袖举办的一个聚会上,我遇到一个刚从海岸警卫队退休的英国老人,我们开心地分享了阅读这本书的乐趣,还进行了长时间讨论。临别时我问他:"你真是这个国家唯一一读过这本书的人吗?"他悲伤地回答:"哦,多半是的。"

第二,在多巴哥时,我住在一家令人愉快的小旅馆里,村里的长者晚上常常会来这里喝上一杯。有个三十多岁的海关官员刚从西班牙港临时调任到

---

1 德里克·沃尔科特(Derek Walcott,1930—2017),圣卢西亚诗人、剧作家,曾获 1992 年诺贝尔文学奖。

多巴哥的主要城镇斯卡伯勒，邀请我和他一起出城，还有另一个海关官员和一名护士参加。我们先去了斯卡伯勒的堡垒，即该地著名的历史景点看看风景，随后有点无话可说，于是有人建议去艺术中心喝一杯。但在黑暗里，我只看到一个关了门的小棚子，这时有人去找了个人来，拿着钥匙、可口可乐和半瓶朗姆酒……我们就这么站在一盏四十瓦的灯泡下，肮脏的房间里除了一张满是灰尘的乒乓球桌，什么都没有，桌子中间扔着一本老旧的《读者文摘》。我们在尴尬、沉重、几乎羞耻的气氛中啜饮着饮料，全都沉默着。几分钟后，大家受不了了，于是去了邀请我的那个官员家，那是个整洁但几乎没有家具的小公寓，印象里很冷，但其实不太可能。我们在那里听了一张名叫"黄鸟"的唱片，又喝了一杯朗姆酒，然后我就被送回了酒店。整个夜晚，笼罩着一种空虚、无所事事、无话可说的可怕感觉，我觉得很不舒服。我对刚才还在一起的人知之甚少，无法猜测他们放松时的样子，只能看出这个官员因为不得不在乡间工作而感到心烦意乱，出于无聊邀请了我，又因为紧张只好召唤朋友们帮忙，但这三个人很快看出整件事就是个错误，于是我们都被尴尬的阴郁气氛笼罩了。真是难怪。回想起艺术中心时，我忽然明白了维迪亚第一次重访西印度群岛时所感到的恐惧。

第三，渴望逃离的不仅仅是维迪亚这样天赋被压抑的狂热之人。我在西班牙港一家商店试穿泳衣时，从更衣间里无意中听到一段对话。当时一个美国女人在丈夫的陪同下也在购物，显然被为他们服务的一个年轻漂亮的女售货员所吸引。他们问了她很多关于她家庭的问题，这种高度的热情让我怀疑，他们可能是觉得对黑人友善是件令人兴奋的事。顾客终于选好了商品，丈夫填写支票时，女售货员的语调突然从轻松愉快变成了喘不过气："我可以请问一件事吗？"妻子回答："当然可以。"于是这可怜的年轻女子展现出了绝望，不断恳求他们帮帮她，给她写一封邀请她去他们家的信让她拿去办签证，她保证不会造成任何麻烦，如果他们愿意帮她……她继续说着，丈夫用一种极度尴尬的声音试图打断她，却仍然想表现得和蔼可亲，但显然对自己之前肤浅的亲切所导致的结果感到震惊。女孩很快就泪流满面，这对夫妇的声音听起来非常懊悔，他们急于想逃跑，手忙脚乱。而我，隐身在更衣间里，被不小心听到这个绝望女子的屈辱场景吓坏了，于是丢掉泳衣，胡乱套上裙子，飞奔而逃。所以最后是什么结果，我也不知道。

维迪亚从记事起就恐惧并厌恶特立尼达。还是个小学生时，他就在拉丁语启蒙课本的封底上写下誓言，要在五年内离开此地（实际上他花了六年）。他在1962年出版的第一本非虚构类书籍《重访加勒比》中记录了这一点，还描述了他第一次重游西印度群岛时，做了自己以前从未做过的事：研究他害怕和讨厌自己出生地的原因。

这是对此地极度消极的看法，忽略了整张图画中好的一半。他的想法与其说是来自头脑，不如说是在神经系统深处花了很长时间孕育成熟，然后伴随着一股力量自然地流淌而出。他说，过去人们只知道特立尼达是地图上的一个点，作为国家，它既不具重要性，也不具存在感，它最先是西班牙、接着是法国、然后是英国用来赚钱的地方，由于使用奴隶劳作，赚钱非常容易，在奴隶改为契约劳工后，价钱也没贵多少。一个以奴隶为基础的社会是不需要效率的，所以这里不存在效率传统。奴隶主也无需聪明，所以，"在特立尼达，教育不是金钱可以买到的东西，而是金钱让你摆脱的东西。教育严格来说是针对穷人而设立的，正如特立尼达人喜欢说的那样，白人男孩'掰着手指数着数'离开了学校，但这正好说明了他的特权……白人社区从来不是因为拥有卓越的语言、品味或成就而成为上层阶级，仅仅因为其金钱和享乐令人羡慕"。

当这个原始的殖民社会因岛屿不再有利可图、英国人撤出而开放时，维迪亚看到大量涌入填补真空的，是以商业广播（当时电视还没来到这里）和电影为载体的、闪闪发光、最物质至上的美国的影响，电影都是些非常暴力、脱离真实的类型。（"英国电影，"他这么写着，"对着空荡荡的屋子播放，我的法国主人叫上我一起去看《相见恨晚》，电影院里只有我们俩，他在阳台上，我在土坑里。"）特立尼达和多巴哥仅仅是基于对"美国现代性"的渴望才团结在了一起，在堕落的虚饰下，其内部其实相当分裂。

分裂是在奴隶——非洲特立尼达人，与契约劳工后裔——印度人之间形成的，这两个群体都是历史的偶然，都没有任何渊源可言。在《重访加勒比》

中，维迪亚称非洲人为"Negroes"[1]，这个词在今天听来令人震惊。读这本书的时候，读者必须不断提醒自己，当时黑人权力的概念尚未形成。黑人也还没有拒绝"Negro"这个词，因此它被广泛使用，当时"black"反而被认为有侮辱意味。在这本书里，他对非裔特立尼达人的主要批评是，他们被奴隶制的经历洗脑，变成了"白人思维"，即对自己的肤色和身体特征感到羞耻。正如西印度社会的许多观察者那样，他最为痛心的，是非洲人后裔自己已经开始为之痛心、而且很快就会迫使自己去克服的这种态度。

他认为印度人对自己倒没那么缺乏自信，因为他们对印度这个概念感到自豪，但同时认为这种自豪感毫无意义，因为他们根本不知道次大陆到底是什么样子的。但由于这一想法阻碍了弥合裂痕的努力，因此也很危险。印度人是"小农意识、金钱意识的社区，精神上是静止的，其宗教沦为缺乏哲学的仪式，处于物质主义、殖民主义的社会里，由于历史意外和民族气质的结合，使特立尼达的印度人变成了完完全全的殖民地居民，甚至比白人还要市侩"。

1　带有歧视意味的"黑人"。

他对种族摩擦是这样总结的："就像猴子恳求被进化，每一只都声称自己比其他猴子更白，印度人和黑人则用彼此鄙视的方式来吸引自己也不知道在哪里的白人观众的注意力。他们曾引用白人的说法来互相鄙视，但讽刺的是，当白人偏见不再重要时，他们的敌对情绪在今天竟然达到了顶峰。"

这个评价挺公平的，除了旅游局的宣传人员外，与我谈过政治的每个人都对这种紧张局面表示了遗憾，大多数人要么直截了当，要么暗示说责任全在对方阵营。对于这种使人们在此情况下还凑合着勉强度日（现在依然如此）的普遍态度，没人比维迪亚关注得更多。裂痕，当然荒谬且令人遗憾，但它如果被视为危险，则会变得更加引人注目。因此，无论是谁提出这一想法，都会被视作煽动者，而且会显得更加骇人听闻。人们确实在争取局外人的尊重，也确实"吸引了不知道在哪里的白人观众"的注意力。但维迪亚又吸引了哪些观众的注意力呢？《重访加勒比》这本书，让西印度群岛的黑人最早将他称为"种族主义者"。

这本书在英国受到推崇，在特立尼达却不受欢

迎，然而，这本书根本不是为了取悦白人观众而写
的。它的全部意义在于表明加勒比社会之所以一团
糟的原因在于，这里是由白人为了自己的目的而麻
木不仁地创造出来、麻木不仁地管理、最后再麻木
不仁地抛弃掉的地方。维迪亚试图从一个高于白色
人种、棕色人种或黑色人种的角度来写作，试图以
一种清晰而公正的智慧来看待现在居住在西印度群
岛的人们，诚实地描述他所看到的一切，即使诚实
看起来残酷也在所不惜。他感觉到的一切必须说出
来，因为靠幻想和借口支撑的、摇摇欲坠的错位社
会只会变得更加病态，它必须学会认识自己，只有
自己的作家才能教会它这一点。他说，到目前为止，
加勒比地区的作家除了为自己辩护，没有做更多的
事。如果他期望特立尼达人会欢迎这种高尚的信息，
那他就太天真了，我认为他并没有期望。他在追求
自己对这个地方的理解，并呈现出来，因为这是一
个严肃的作家情不自禁会去做的事。如果有人憎恨
这本书，只能说非常遗憾。

他们当然会憎恨，谁愿意听到以几近傲慢的方
式讲述的令人不快的真相？但我认为他们贴在他身
上的"种族主义者"标签，只谈得上是个地方标签

罢了。我眼里的他，是一个在效率低下、自欺欺人的混乱社会中成长并受到威胁的人，因此他渴望秩序、清晰和能力。他得出的结论，即这个地方缺乏这些品质是因为人民没有根，其实高估了此地的历史感及对传统的尊重，因而他选择将这一结果浪漫化，并没有看到这里的人们常常共存共生这一并不令人赞赏的复杂情境（他在《幽暗国度》一书中写道，他的第一次印度之行让自己深感痛苦，因为他鼓起勇气以为能在那古老文明中找到渴望已久的归属感，却发现那文明可能同样处于与他的出生地同样无序且效率低下的状态）。尽管英国和美国以各自不同的方式背离了他理想的社会标准，但相对来说，欧洲整体还是更为接近，更常让他感觉到舒服。我记得几年前曾开车穿过法国的一个葡萄种植区，看到这令人愉快的古老技能的存在，我非常享受。其中有一个培育出色的葡萄园，每一排葡萄架的末端，都立着一个深粉红色的玫瑰花柱，就像是点缀其间的精美符号。尽管我已经好几个星期没见到或想到过他，但他还是立刻就出现在我的脑海："维迪亚一定喜欢这个！"

但是，尽管我无法将维迪亚视为想要成为白人或迎合白人这个意义上的种族主义者，但我确实认为，在特定情况下度过了人生的前十八年，不可能不受其影响，维迪亚作为特立尼达印度人[1]度过了他生命中的前十八年。尽管他充满激情地决心摆脱这种命运强加的限制，尽管他也已经快实现这个不可能的目标，但他并不能完全摆脱这种束缚。

《重访加勒比》的第一章，当他刚登上即将把他带到南安普敦的海陆联运火车时，他进行了这样的描述：走进走廊，从维迪亚旁边的隔间走出"一个非常高大、长相粗陋的黑奴"，宽松的裤子暴露了他与身体不成比例的大腿，肩膀很宽，不自然地僵直，好像还驼着背，看起来不堪一击。他的浅灰色夹克松松垮垮，极不合身，像件短大衣。黄色衬衫脏兮兮的，磨损的衣领敞开着，领带歪歪斜斜。他走到窗边打开通风口，把脸挤过去，微微左转，吐了口唾沫。他的脸被挤得非常怪异，似乎将脸颊的一侧整个撞了进去，一只眼睛被挤得眯缝了起来，厚厚的嘴唇变成了圆形隆起，巨大的鼻子也扭曲着。而

---

1 他父亲的信中，只有一封提到了非洲人的后裔——那封信简直令人发狂：当侄女与一个半印度半非洲血统的人约会，这可怕的事件，他该如何应对？——原注

当他缓缓张开嘴吐唾沫时，脸孔就更加扭曲了。他断断续续、缓慢地朝下吐着口水。

维迪亚尝试让此人在他的旅程中扮演一个角色，说他开始想象这可怜的东西怀着恶意观察着他，有一刻他们目光相遇，在自助餐车又再次相遇……但事实上，一旦完成了对此人的描述，这个人在他书中便再无角色可以扮演，到此为止。但尽管如此，维迪亚还是忍不住把他放到了开头，这本长达232页的书中花费了比描述其他任何人都要多的笔墨来描述他的外表细节。我不是说这个人是虚构的，或他本人实际上可能没有描述出来的那样讨厌，但将他挑出来着墨，维迪亚给人留下更深印象的并不是关于这个人物，反而是有关他自己的反应：一个挑剔的特立尼达印度人面对自己眼里的下等人，所感觉到的沮丧和厌恶。我相信如果我是黑人，肯定也会时不时在他的作品中找到隐藏在我们目前所拥有的最好的英语小说家之一的阴影中的这种畏畏缩缩的痕迹。即使作为白人观众的一员，我都能留意到他偶尔出现的自负（随着岁月流逝而增加），我怀疑其根源可以追溯到特立尼达印度人对自己没有受到尊重所表现出的紧张和抗拒。

　　维迪亚的母亲是个身材健美、性格和蔼的主妇，他的出版商访问特立尼达时，她非常友好地欢迎了他们，像个深受家人爱戴的核心人物。我第一次见到他的家人，还是在这个家庭接连遭受一个女儿以及维迪亚唯一的弟弟希瓦死亡的打击之前，这家人给我留下了生机勃勃、聪明漂亮、成功迷人的印象。家里一个已经出嫁的女人告诉我，奈保尔夫人"将主要时间分配在神殿和采石场之间"，后者是奈保尔夫人娘家的家族企业，她是合伙人之一。他母亲告诉我，自己刚参加完一个有关焊接的研讨会回家，学到了很多知识，能将采石场雇用的焊工数量减少一半，因此非常开心，很显然，这时的她不仅是一个令人舒适的母亲形象。不久后，她留意到她对维迪亚的消息漠不关心似乎使我有点吃惊，于是对我做了个简短的讲述，更彰显了她的性格。她说，自己属于她那一代教养良好的印度教女孩，所以没有接受过教育，在一切事情上必须服从父母，后来她结婚了（"那会儿要说谁爱上了谁可就是胡说八道了"），必须凡事服从丈夫；然后她有了孩子，工作自然变成了全身心地投入到孩子们身上并将他们抚养大（"我想我一切都做得很好"）；"这时我对自己说，就这样过到五十岁，一切就结束了。所以我要为自己而活。我现在就这么活着，他们自己过好自己的日子就行"。

这一段自我生平的简述真令人印象深刻，但在我的脑海中还是留下了几个疑问。毕竟我读过《毕司沃斯先生的房子》，这是维迪亚基于父亲的生活所写的小说，生动地描述了毕司沃斯先生入赘更富有、更有影响力的图尔西家族后受到的羞辱，尽管那时我并不知道维迪亚的父亲西珀萨德·奈保尔曾经精神崩溃并离家出走过几个月。我开始这么想，这个迷人的、还稍微有点可怕的女人显然大大简化了自己的故事。但我很喜欢她，正如不久后维迪亚问我是否喜欢他母亲，我回答："是的，非常喜欢。"对此他回答："好像每个人都喜欢她，但我恨她。"

我真希望自己问过他这句话是什么意思。这不是我第一次听到他在恼怒中用凶狠的话攻击别人，所以我认为这未必发自真心（反正，不喜欢母亲也通常表明一种受伤的爱）。虽然我不确定他对母亲的感情，但我知道他爱父亲，他的父亲在维迪亚离开特立尼达来到牛津后不久就去世了。他曾写了一篇感人的介绍，附在他于1976年交给我们出版的那本

他父亲写的故事书稿里，谈到了他父亲如何教会了
他读书。西珀萨德·奈保尔拥有一种非常强大的、
真正的写作本能。这种本能让他克服了自己的处
境，使他对偶然遇见的英国经典作品充满热情，并
引导他在当地报纸上从事写作工作。他向维迪亚和
他的大妹妹卡姆拉大声朗读，传递他的热情，还让
孩子们在他朗读时站着以防睡着，这似乎给他们留
下了这一仪式很重要的印象，而且并没有浇灭他们
的热情。西珀萨德写的几个故事都是关于特立尼达
乡村生活的，他给儿子留下的最重要的一课是"要
写你知道的东西"，它治愈了这个年轻的殖民地居
民对"文学"必须有异国情调的错觉，那些东西属
于遥远的世界，属于他在图书馆里找到的书来自的
世界。我还知道西珀萨德给儿子的另一条建议，完
全能证明他的写作本能。维迪亚曾给父亲看过一段
想写成喜剧的作品，他告诉儿子，不要刻意追求喜
剧效果，要让它从故事中自然浮现。想到这个人因
生活状况而步履蹒跚（见《毕司沃斯先生的房子》），
到死都没能看到自己的儿子挣脱枷锁，让人感到非
常悲哀。而维迪亚的母亲，则属于导致他困难的
"生活状况"的一部分，孩子站在父亲那边反对她，

对此我非常确信。

不记得过了多久，肯定有几个月甚至一年，我才知道维迪亚是已婚的。"我找到了一间新公寓"，他通常会这么说，"我上周看了某部电影""我的女房东说这个那个"，他从来没有使用过"我们"或"我们的"这个词。所以我理所当然地认为他生活勤勉而孤独，这似乎很令人悲伤。因此，在一次聚会上，我在房间尽头瞥见他和一个年轻女子在一起，一个并不起眼，甚至非常沉默害羞的漂亮姑娘，然后又看到他们一起离开，我很高兴地以为他找到了女朋友。下一次他来我办公室时，我问那是谁，他用相当恼怒的声音回答"当然是我妻子"时，我感到万分惊讶。

那之后，帕特被允许慢慢从阴影中现身，但也只有一点点。有一天她对我说了一句话，让我非常吃惊，我确信我一字不差地记住了。当时我一定是对她说，之前我们从没有见过面，于是她回答："维迪亚不喜欢我参加派对，因为我令人讨厌。"

从那一刻起，每当我需要通过感恩来振奋自己的精神时，我都会告诉自己："至少我没有嫁给维迪亚。"

这件事并没有让我完全厌恶他，我想是因为从一开始我就没把他当成朋友，只觉得他是个有趣的人。我们之间的兴趣一直是单向的，我不记得曾告诉过或想过要告诉他任何关于我自己的事，所以有关他婚姻的这件怪事，对我来说只是另一件值得观察的事，却并不令我生厌。他曾经爱过她吗？仍然以某种扭曲的方式爱着她吗？他们在他还在牛津大学的时候就结婚了，他这样做是因为孤独吗？既然已经出来混世界，结婚是为了扩大可以称之为"我的微小领土"的地域吗？还是因为她能留住他？她是一名教师，在结婚后依然维持这份职业。还是为了让他免受其他女人的伤害？他曾经问过我认识的一个男人："你认识什么能快速上钩的女人吗？"我的朋友觉得这问题很有趣（因为他是个同性恋），但对我来说，这真是令人感动。维迪亚唯一一次试图挑逗我，是在帕特不在的一天晚上，我请他吃晚饭。他毫无预兆地站了起来，穿过房间想要亲吻我，当时我正端着一个放满玻璃杯的托盘走进门。他显然正焦虑着我可能会生硬地回绝，虽然没必要用语言来表达，但安全起见，我还是轻声说，我们的友谊太宝贵了，无论如何都不能复杂化。这时，他的表情焕发出光彩，如释重负。一个缺乏性经验、清教徒式的人求助于妓女（正如他于1994年跟《纽约客》说的，他在《模仿者》一书中的某段话里也是这么建议的）是很自然的，虽然我猜他很少这样做，而且也不喜欢。

我见到过的维迪亚和帕特在一起的些许零星场景令人沮丧，他们从没有彼此享受的迹象。我曾和他们共度过一个周末，他们一直在不停争吵，帕特的脾气和他一样尖锐（我觉得是为了防御）。他在国外时，她小心翼翼地照顾他的利益；为他做各种调查；有时他也会提到向她展示正在进行的工作：他完完全全信任她，因为他就是她存在的理由。她让我感觉到根本不可能在她面前批评他，但她的话语里又总是充满着维迪亚对于诸如她在飞机上生病，在人群中晕倒，或不能吃咖喱这类事有多么厌烦……当我试图转移到除他之外的话题时，例如西印度群岛的政治或她作为教师的工作，她也总会再次回到自己的不足，导致我们的谈话搁浅。起初，我理所当然地认为是他破坏了她的自信心，到现在我依然确信他没起到什么好作用。但后来我也开始逐渐怀疑，她身上有某种东西接受甚至欢迎这种重击。

写《世间之路》时，他一如既往像个单身男人那样写作，维迪亚将自己形容为在"身体吸引力、爱情、性满足"方面都"不完整"的一个人，作为妻子，被这样公开抹杀该有多么可怕！每个认识奈保尔的人都说他们为帕特感到难过，我也有同样感受。但无论维迪亚结婚的理由是什么，他当时都无法预见到他们的婚姻后来会变成什么样子。因此，他也很可能是值得同情的。

他的阿根廷朋友玛格丽特第一次到伦敦时，他带着她和我一起吃午饭。这是个活泼、优雅的女人，虽然是英国血统，却有一种拉美风格的"女性化"，性感又挑逗，一副在他面前随心所欲的样子，他的脸上洋溢着自豪和愉悦。后来他说他想离开帕特，我非常惊愕（她自己能生存吗？）。他说，当他产生了放弃"肉体享乐"的想法时才发现，这个想法太令人痛苦，他无法忍受。我问，那为什么不保持婚姻，搞搞外遇？他似乎觉得这是个很不体面的建议，尽管他多年来一直在这么干。后来发生的情况我不清楚，但在他和玛格丽特关系的早期，我没发现什么他打击玛格丽特的迹象。然而，他确实发表了些令人尴尬和困惑的言论，他问我，在性这件事中存在这么多残忍的因素，难道我不觉得有趣吗？

*

与维迪亚打交道开始让我感到疲惫（我花了很长时间才承认这一点），原因在于他的抑郁。

我们一共出版了他十八本书，基本都遵循相同的模式，这个模式由三个部分组成。首先是他写作时一段长时间的平静期，这段时间我们很少见面，我往往会希望多见他，因为我对新书充满好奇；然后交付书稿，有一段短暂的欣喜阶段，在此期间我们会愉快地会面，我负责欣赏他的作品、写写简介、想想书封上的文案怎么让大家满意，再检查一下文稿中有没有打字错误（他是个完美主义者，准确地说，基本没必要进行编辑）；然后是第三个阶段，出版后的阴郁期，在此期间，他在电话中的声音会让我的心下沉，最初几年只是略微如此，随着时间的流逝则越来越严重。他的声音充满了悲剧色彩，脸色逐渐憔悴，谈话的主题变成了这本书给他带来的极度疲惫和伤害（"伤害"这个词总是一遍遍出现），这一切到底是为什么？评论家全是无知的猴子，出版商（并不明说，只是阴险地暗示）则懒惰又无用，这一切有什么意义？他为什么还要继续？

知道自己不错且也经常被评论家证实的作家期望自己的书畅销是非常自然的，但每个出版商都知道，写得好未必就卖得好。当然，也不是写得不好才能卖得好，有些畅销书确实写得很糟糕，但也有写得相当不错的。写作的质量，甚至思想的质量，与畅销与否并无关联。与将写作视为艺术去关注的严肃读者相比，更广泛的阅读大众是否接受某本书，只与他们的某条神经是否被触动有关。维迪亚的书在前者中卖得很好，还在这些人群的边缘开辟了道路，成了名，在某个时刻，更广泛的阅读大众中已经有许多人觉得应该读读这个作家的东西了，但显然，他不属于那种会赚大钱的作家。我的一位阅读量很大的老朋友曾就此对我表示过歉意："我知道他写得很好，但我不觉得他的东西是为我而写的。"这些话，就是更广泛读者的心声。

首先是因为他的主题，从广义上讲，这是帝国主义的后果，就算是那些曾经被帝国统治的国家的人们读到这个主题的书籍，都只有在其中微妙地掺入了怀旧味道的时候，才会喜欢；其次是因为他对描写女性不感兴趣，就算他的书里有对女性的描写，通常也是他不喜欢的女性，而阅读小说的女性多于男性；最后还与他的气质有关，有一次，在他情绪特别低落的时候，我们曾谈起在糟糕的生活中用什么方法才能帮助自己渡过难关，我说我靠的是简单的快乐，比如水果的味道、泡热水澡的温暖、干净床单的触感、花朵应和着生命轻颤的方式、鸟儿轻快的飞翔，如果剥夺了那些乐趣……真是不敢想象！他问我是否真的可以依赖这些，我说我可以。我清楚地记得他悲伤、困惑地回答："你真幸运，我就不行。"他的书，尤其是小说（在前三部小说里的幽默感消失之后）因为缺乏这种被称为动物本能的东西，所以是带有某种颜色的，或者我应该说是"褪了色的"，这确实能给人留下深刻印象，但并不吸引人。

因此，他对于作品出版后的结果并不满意，这让他总是很绝望，有时还充满愤怒。有一次他像个霹雳一样从天而降，宣称自己刚去了查令十字街的福伊尔书店，那里连一本他的新书都没有，两周前刚出版的，货架上一本都没有！理智告诉我这不可能，但面对指责，我下意识的第一反应就是想认错，随后，这种反应激起了我的恐慌，难道销售部门真的犯了不可想象的错误？好吧，如果真是这样，我自己可应付不来，于是我说："我们必须立刻告诉安德烈。"我们去找安德烈，安德烈平静地说："这可真是胡说八道，维迪亚，来吧，我们马上去福伊尔书店，我带你去看。"于是我们三个人急匆匆地走到了福伊尔书店，也就两分钟路程，维迪亚一路雷鸣般地抱怨，我紧张得声音都变尖了，安德烈则一脸祥和。到了店里，安德烈把经理叫到角落："奈保尔先生找不到他的书，请告诉他陈列的位置。""当然可以，多伊奇先生。"就在那里，两摞，各六本，放在标注着"最新出版"的货架上。安德烈事后说，因为问题得到解决，维迪亚看上去更惊慌失措了，但即便确实如此，我当时正因为松了口气而头晕目眩，根本没注意到。

维迪亚的焦虑和绝望是真实存在的，你只需要将他二十多岁的照片与四十多岁的照片进行比较，就能看出痛苦刻画出的痕迹。我的工作是倾听他的不快，并尽力缓解，如果我能做点什么，倒也没那么糟糕，但实际上我什么也做不了，就这样直接暴露在他的抑郁中，真让人筋疲力尽。即便一次只有一个小时，也不很频繁，我的感受依然如此。我真

的很为他感到难过，这个过程一遍遍重复……实际
情况是，随着岁月流逝，在出版后的阴霾期，我越来
越需要强迫自己真心为他感到难过，才能忍受下来。

*

自我洗脑有时必须成为编辑工作的一部分。如
果不能带着富有想象力的同情与作者一起工作，你
就对作者毫无用处，而如果不再对作者有用，你就
不再对自己的出版社有用。但冷酷的心无法产生富
有想象力的同情，因此编辑必须喜欢自己的作者。
这一般来说并不难，但偶尔也会发生这样的情况，
尽管非常欣赏某人的作品，但你还是，或逐渐变得，
无法喜欢这个人。

我对维迪亚的作品评价很高，认为他出现在我
们的作者资源中至关重要，因此不允许自己不喜欢
他。我早期对他有喜爱之情，这个基础帮助了我，因
而我相信他的抑郁对自己比对我的伤害要大，他对此
也无能为力，所以我应该承受。但我越来越意识到
其他令人恼火的事，比如他对帕特和他的兄弟希瓦
的态度（他欺负他，就像愤怒的母鸡欺负一只特别
窝囊的小鸡），对此，我采取了一种家庭中常用的策

略：艾米丽姨妈可能也有令人恼火的举止或令人不安的习惯，但这些都是可以原谅，甚至可以喜欢的，因为她就是这样的人。冒犯者被置于一个虚构的、几乎卡通人物般的位置，其怪癖可以被嘲笑、被惊叹，仿佛仅仅存在于书页上。很长一段时间以来，将维迪亚视为"维迪亚主义"的典型人物，效果还不错。

1975 年，我们收到了他的第十三本书稿，即第八本小说《游击队员》。我第一次觉得有点担心，因为他跟我说，这是用前所未有的方式写成的。他通常会对写作过程保密，但这次他说不同寻常，这可是之前从未发生过的事，就好像这本书是别人送来给他的。对写作的这种感觉可未必是好兆头。结果证明，我确实不喜欢这本书。

这本书讲述了一个类似特立尼达的岛屿滑入颓废状态，尽管想象力强大，但在他描述的这幅可怕画面里仍然透露着一丝歇斯底里的气息。故事的核心部分来自特立尼达岛最近发生的一个真实事件：改名为哈雷·金加的英国女子盖尔·本森，被一名自称为迈克尔·X 的特立尼达人谋杀，这个人还成立了一个所谓的"公社"。盖尔是被她的情人、名叫哈基姆·贾马尔的美国黑人（她按他的吩咐改了名）带到了特立尼达岛。这两个男人都处于疯子和骗子之间，他们之间的关联就是盖尔的毁灭。这三个人我都认识，对盖尔和哈基姆很了解，对迈克尔则了解一点，我后来还写了一本关于他们的书（当时写好就收起来了，并在十六年后出版），书名是《相信》。

这个核心故事扰乱了我对《游击队员》大部分内容的关注。书中的人物并非是对我所认识的人物的描摹（维迪亚没有见过他们），他们全是维迪亚创造的角色，用以表达他对特立尼达等地后殖民历史的看法。但小说中的情境与生活中的情境如此接近，以至于我常常难以抑制的反应是："情况不是这样的！"情节也不适用于小说中的迈克尔·X这一角色，他在书里被称为吉米·艾哈迈德，吉米和他的"公社"那半肮脏半可怜的废墟倒确实是辉煌而令人信服的创造。维迪亚为代替哈基姆·贾马尔而创造的角色罗奇，描写也和真实情况不符。在书里，罗奇是一名自由的南非白人难民，在一家大型商业公司工作，还愤世嫉俗地为吉米提供了支持。但罗奇显然不是哈基姆，所以现实里的冲突在书里没法构建。但书里描写的简确实成立，她代替的是盖尔，即那个被谋杀的女人的位置。

小说中的简，作为罗奇的情妇来到岛上，其设定是一个懒惰、乏味的角色，试图通过与男人的婚外情来寻找自己所缺乏的活力与热情。她对自己作为白人女性有一种天生的优越感，但自己对此却并不敏感，然后碰巧与吉米进入了这样的关系，简直就是一个不负责任的傻瓜与一个内心受伤的黑人为了寻欢作乐所玩的危险游戏。更早些时候，维迪亚曾为一家报纸写了一篇关于盖尔遇害的报道，他当时就明确表示，他认为盖尔就是那种女人。

但她其实并不是那样的。她确实无所事事，空虚，但她并没有作为白人女性或其他任何身份的优越感，也并没有为了寻欢作乐而玩危险的游戏，只是执着于幻想死不放手罢了。与她最有共同点的，不是为了证明自己的自由态度而与黑人男子随意相处的、很有安全感的英国女性，而是那些在 1977 年跟随美国"大师"琼斯来到圭亚那，最后在他的命令下集体自杀的可怜虫[1]。她是如此缺乏对自我价值感

---

[1] 指震惊全球的"琼斯镇惨案"，美国一个异端教派的创立者吉姆·琼斯（Jim Jones，1931—1978）带领一众信徒前往南美洲圭亚那，创立起"琼斯镇"。因恶行被调查，1978 年 11 月 18 日，自知罪责难逃的吉姆·琼斯胁迫九百多名信徒集体服毒自杀，随后开枪自杀身亡。

的认知，最后几近疯狂。

因此，我在阅读时一直对自己说："事实不是这样的！"但随后又克制住自己，我知道简没有理由要和盖尔保持一致。一个英国女人为了寻欢作乐而卷入这样的事情绝非不可能，这可以成为白人自由主义者具有欺诈动机的完美例子，这就是维迪亚一心想展示的东西。

于是我重读了一遍书稿，但这次再看简这个角色，还是觉得简直不成样子。罗奇也呈现得很糟糕，个性暗淡，很难设想，他微笑时会露出牙根发黑、相距甚远的两颗臼齿（这种"聪明的特征"本不该是维迪亚描写的水平）。但尽管这个人物不完全具有说服力，倒也还不太差，整个阅读过程中我一直期待着他能从迷雾中显现。但是简的形象，则越来越像一连串彼此不相关的零散片段，导致最后对她的谋杀也显得毫无意义。我得出的结论是，问题一定出在维迪亚为了适应自己预先设定的模式而削足适履上，这些角色的存在仅仅为了证明他的观点，他根本没有花时间去深挖他们，因此无法鲜活呈现，这个问题在女性角色上比在男性角色上暴露得更明显，因为维迪亚书里的所有女性角色都有这个问题。

现在，我已经快走到自己编辑生涯中的第二次令人震惊的失败（第一次失败我不打算坦白）边缘了。从专业的角度看，毫无疑问我知道自己该怎么做，他是我们最有价值的作者之一，即便这书写得真的很糟，而不仅仅是有缺陷而已，我们也肯定会出版，同时期待他很快恢复正常，所以我应该说"棒极了"，就好像我真的觉得他写得多好一样。

但我并没有这么做，相反，我坐在那里喃喃自语："天哪，我要怎么跟他说呢？"我从没对他撒过谎，我一直提醒自己这一点，无视我之前不需要撒谎的事实。"如果我现在撒谎，那么将来夸赞他时，他怎么能信任我？"显而易见的答案是，如果我撒的谎足够好，他就永远不会知道我在撒谎，但当时我完全没想到这事儿。度过了几个小时真诚的焦虑后，我最终说服自己，"为了我们的友谊"，我应该告诉他真实想法。

不会有什么好结果的。一个初级作家有时会犯错，如果有人指出，他可以纠正，但像维迪亚这样有品质、有经验的小说家创作出一个无法令人信服的角色，那一定是遭遇了想象力的下滑，对此，任何人都无能为力。狄更斯每次尝试描述一个好女人，就会发生这种情况；乔治·艾略特在描写丹尼尔·德隆达[1]时也一样。至于我自己，每当有人坚持要说出朋友的缺点时，我经常能看穿他们，我知道他们的动机通常很可疑。但我没有看穿自己的动机，就像墨鱼沉浸在墨水里一样。

于是我告诉了他。我首先说我非常钦佩书中许多确实令我钦佩的地方，然后说我必须告诉他，（是**必须**要告诉他！）这三个中心人物中有两个对我而言没有说服力。这就好像是对着康拉德说："《吉姆爷》是一部好小说，只是吉姆这个人物写得不太好。"

维迪亚看起来一脸茫然，然后站起身，低声说他很抱歉我觉得不好，但他已经尽力了，没什么可以再做的，所以再讨论也没有意义。他离开房间时，我想我喃喃自语了一些什么，大概是说这依然是本很棒的书吧，然后我对他似乎只是说了抱歉而不是生气，感到松了口气，还混合着一种轻微的（只是轻微的！）失望和觉得自己有点蠢的感觉。我想大概就是这样吧。

---

1 英国女作家乔治·艾略特（George Eliot, 1819—1880）的最后一部小说《丹尼尔·德隆达》（*Daniel Deronda*）中的主人公。

第二天，维迪亚的经纪人打电话给安德烈，说维迪亚要求撤回《游击队员》，因为我们对维迪亚的写作失去了信心，他打算离开我们。

安德烈一定反击了，因为他最痛恨的事莫过于失去一位作者，但这场战斗并没有持续多久。虽然我相信自己被点名了，但安德烈很友善，并没有责备我。我也没有责怪自己。我只是大发雷霆，对着自己、对着同事们、对着朋友们："这么多年的友谊，都抵不上十来个字的批评吗？就十来个字！就让他像歇斯底里的大牌一样发脾气甩屁股走人吧！"我在脑海中与他进行了长时间严厉尖锐的对话，但更令我满意的是自己的一个白日梦，那是在一个盛大而重要的聚会上，看到他走进房间，我立刻转身离去。

至少有两个星期我一直在生闷气……然后，到了第三周，我突然想到，我再也不用听维迪亚告诉我他有多受伤了，这简直就像太阳出来了一样。我不必再喜欢维迪亚了！我仍然可以喜欢他的作品，仍然可以为他的痛苦而难过，但我终于不再需要从这些元素中塑造出对他的情感，让我像个优秀的编辑那样去处理那令人筋疲力尽、乏味无比的倾听任务了。"你知道吗？"我对安德烈说，"我已经开始把这看成一种解放了。"（出乎我的意料，他笑了。）然而，我当时依然没有意识到我的这次编辑工作"失误"是一种挑衅行为。事实上，多年来我一直没有意识到这一点。

《游击队员》第二天就被卖给了塞克尔和沃伯格出版社。

大约一个月后，我走进安德烈的办公室讨论一些事，还没开口，他的电话就响了。这种事情总是发生，通常我会呻吟一声，将自己扔回椅子上坐着，随手抓起什么读一读，但这次我跳了起来，抓起了分机——"哦，是维迪亚啊！"只听他说，"我能为你做点什么？"

维迪亚是从特立尼达打来的，声音很紧张，他让安德烈立即打电话给他的经纪人，让他从塞克尔和沃伯格出版社收回《游击队员》的手稿，交给我们。

安德烈非常擅长应对突发事件，立即变得像个父亲一样。他说，能把这本书拿回来他当然很高兴，但维迪亚不能太冲动，不管发生了什么，结果很可能没有他现在以为的那么严重。今天是星期四，维迪亚现在需要非常仔细地考虑，下星期一再采取行动。到了那个时候，如果他还想回到我们出版社，就应该自己打电话给经纪人，听取对方的建议，而不应该由安德烈去打。如果经纪人到那时候也没能改变他的想法，他就可以指示经纪人行动了。安德烈会在下周一下午或周二早上等经纪人的电话，当然希望能听到好消息。

当然，确实是好消息。我的太阳再次回到了乌云后面。但尽管如此，得知他觉得和我们在一起比和别的出版社在一起更好，我还是很满意的，而且对我们即将出版的他之后作品的价值，我也没有任何怀疑。

维迪亚从来没有说起为什么要从塞克尔出版社撤出，但他的经纪人告诉安德烈，原因是他们在销售目录中宣传《游击队员》时，将他描述为"西印度小说家"。

接着出版的那些书确实值得拥有（尽管最后一本是最不重要的）：包括《印度：受伤的文明》《伊娃·庇隆归来》《信徒的国度》《大河湾》和《寻找中心》。我决定自己唯一要做的，就是如同在《游击队员》之前所做的一样，同时悄悄切断工作之外的友谊关系，他显然也有同感。结果很顺利，和之前相比，干涉更少，试炼也更少。没人知道，我也是回过头来才意识到，我决心不再对维迪亚说一句批评的话，确实是很荒谬的小家子气。对《信徒的国度》这本书，我非常钦佩，但其中有两个小点，要是在过去，我会指出以引起他的注意，但这次我没有这样做：以这种"不忠"的方式坚持着自己对《游击队员》事件自以为是的解释。其实，维迪亚当然不会因为如此微不足道的事而"像歇斯底里的大牌一样发脾气"。书里的一个地方，他似乎从一个太轻微的事件中得出太过笼统的结论，这个问题通过一些很小的调整就可以避免。另一个地方是一个讲英语的伊朗人说"羊（sheep）"的时候，维迪亚被他的口音误导，以为他说的是"船（ship）"，这导致文中一些对话令人费解。但我竟然对此保持了沉默！再也没有什么比这种自我欺骗更可笑的事情了。

维迪亚真的离开我们，是在1984年，我完全明白理由，甚至理解为什么他离开的方式似乎很不友善，没有留下任何警告或说明。因为他的结论是，安德烈·多伊奇出版社正在走下坡路。这是事实，经济衰退，加上我们出版的书籍读者人数正面临无情的逐步减少，使得我们这种规模和类型的公司无法生存，而安德烈也已经失去了活力和才华。他决定出售公司，是因为出版"不再有趣"（这是他的感觉，他也是这么告诉我的），也是由于自己逐渐恶化的健康，但或多或少与维迪亚离开我们的时间吻合。这家出版社在汤姆·罗森塔尔的领导下又持续经营了十年左右，一直在勉力支撑，不那么缓慢地走着下坡路（维迪亚被称为"西印度小说家"时，汤姆正在经营塞克尔出版社，因此他的出现对改变维迪亚的想法毫无帮助）。

　　一个有名的作者总是可以通过让两家出版商博弈来获取比自己实际价值更多的预付款，这种时候出价高的出版商就不得不为此付出更多努力，来证明这种价格的合理性。如果时机准确，这种跳槽是合理的。此时，如果出价低的出版商出现了严重问题，不跳槽就是愚蠢的。虽然做出了这个决定，但怎么能看着一个认识了二十多年、自己真心喜欢的人的眼睛，告诉他"我要离开你，因为你已经是过去式了"？当然做不到。维迪亚的经纪人设法向安德烈隐瞒了维迪亚的感受，但安德烈确实有些怀疑，他告诉我，他认为这件事与自己有关，但无法从经纪人口中获知，也许我的运气会好一些。于是我打电话给经纪人，问他有没有必要与维迪亚取得联系，他非常尴尬地告诉了我真相，于是我只能默默地认同维迪亚的沉默，并告诉可怜的安德烈，我非常确信，任何进一步改变维迪亚想法的努力都是徒劳的，我们最好放弃。

所以他这次离开并没有让我生气、惊讶，或悲伤，我只是为安德烈感到遗憾。维迪亚只是在做自己必须做的事，而且无论如何，说我们已经享受了他最好的阶段也是合理的。许多年后，当莫迪凯·里奇勒（他奇妙地同时出现在这个故事的开头和结尾）告诉我，他最近见到了维迪亚和他的新婚妻子，很高兴看到他"非常快乐"时，我确实也非常高兴。

莫莉·基恩 ————

我知道自己有时被称为"伦敦最好的编辑之一"，无可否认，这种说法让我很开心，但我也知道，除了日常工作以及与有趣的人相处之外，我几乎不需要做什么就可以赢得这种声誉。一个例子就是我在工作中认识的、我最喜欢与之打交道的爱尔兰小说家——莫莉·基恩。

众所周知，在年轻时以小说家和剧作家成名之后，莫莉沉默了三十多年，并在 1981 年我们出版她的《品行良好》时才被"重新发现"。因为我是她的编辑，就经常因为"重新发现"了她而受到祝贺，但这完全是无稽之谈。得到这本书，我们靠的纯粹是运气。

是佩吉·阿什克罗福特[1]说服莫莉出版这本书的，自从佩吉出演了莫莉的一部戏剧以后，她俩就成了密友。有一天她对莫莉说，她不再写作很令人难过。莫莉告诉她，自己最近又重新开始写了，刚刚写好一本小说，因为不太确定，就锁在抽屉里了。佩吉坚持当天晚上就要读一读，这一热情的结果，就是莫莉将书稿寄给了查托和温达斯出版社的伊恩·帕森斯。这是我们好运的开始，因为伊恩不喜欢这书。

---

[1] 佩吉·阿什克罗福特（Peggy Ashcroft, 1907—1991），英国著名女演员，凭借 1984 年的电影《印度之行》荣获第 57 届奥斯卡金像奖最佳女配角奖。

历史上，更严重的错误也曾出现过，出版商们常常用安德烈·纪德读完普鲁斯特的《追忆似水年华》时曾拒绝过它来安慰自己……尽管想起普鲁斯特那庞大的手稿，其中很多单句还和大多数人写的段落一样长，相对于对《品行良好》这么易读的小说的反应，纪德的错误恐怕也没那么离谱。

下一个运气是莫莉选择了吉娜·波林格尔做自己的经纪人。吉娜之前是编辑，后来嫁给了一个经纪人，她作为编辑供职的最后一个公司是我们出版社。她给我打电话说刚读到了自己喜欢的东西，并确信我也会喜欢。我听到了来自我认识并尊重其品味之人的意见，而不是什么推销话术，所以很自然地立刻读了这部书稿，碰巧我不像伊恩·帕森斯那么一时糊涂，于是就成了莫莉的重新发现者。

莫莉确实需要一些编辑辅助，因为她有时会在时间点上陷入困境，例如，文中写某个事件发生在两年后，但文本中的某些内容却表明至少已过去了三年；此外还有些措辞上的小技巧，例如她很喜欢描述角色的兴趣，但有时会过火。类似的技巧是作家"声音"的一部分，所以通常最好能酌情保留，但不能让它们太烦人。对于我指出的此类问题，她总是很高兴，非常合作地解决了最后三部小说中唯一需要解决的大问题。

类似情况在《品行良好》中也有发生，书中写一个英国小男孩躲在一棵树上读诗，被自己上流社会的父母发现后，父母非常惊愕。在那一瞬间，莫莉的幽默感忽然不受控制地脱缰而出，将故事带入了怪诞的领域。读起来确实非常有趣，但在某种程度却与本书的其余部分相左，破坏了整体感。我让她稍微降降温，她确实做到了。正如约翰·吉尔古德[1]在她去世后写给《每日电讯报》的一封信中所说，回想起执导莫莉20世纪30年代所创作的四部戏剧的那段日子，她总是"非常合作"。

他还对她的魅力和机智表示了深深的敬意，补充说"她不知疲倦、刻苦勤奋"，用这几个词来形容光彩照人的莫莉似乎有点出人意料，但确实能说明她从不自命不凡。她来自爱尔兰的乡绅阶级，在那个时代，女孩们如果能接受完整的教育，就已经非常幸运了。包括莫莉在内的大多数女孩，不太可

---

1 约翰·吉尔古德（John Gielgud，1904—2000），英国著名演员，被称作"20世纪最伟大的莎剧演员"。

能争取到更多的教育机会，她们的主要兴趣除了马和男人，也基本不会关注其他。但莫莉感到不满足，这让她变得谦逊：她需要努力相信自己是一位优秀的作家。

然而她很清楚，《品行良好》与她以笔名"M. J. 法雷尔"写的早期其他十一部小说不同，她取笔名是因为没人愿意和一个"脑子好使"、会写书的女孩跳舞（你可能需要经历过"县级"教育才能感受到这个形容词的尴尬效果："你脑子挺好使，不是吗？"这个问题今天听来仍然让我退缩）。莫莉总是说她早期写书只是为了挣钱，因为父母负担不起她买衣服的花销，但她对写作的激情却说明自己乐在其中。另一方面，这本书就像是自己想要被写出来一样，她将其描述为她"真正感兴趣并投身其中"的书："也许可以称之为黑色喜剧，但其中包含了一些真相，以及我对20世纪30年代与我一起生活、一起欢笑的人们的同情。"她说她放弃了笔名，因为已经过去这么长时间了。但其实，也还是颇花了些力气说服她的，我的印象是她终于同意这本书"货真价实"，所以可以不用笔名。

而《品行良好》如此吸引人，是因为莫莉尝试了比之前更聪明的做法：操纵自己的读者参与其中。书中的第一人称叙述者阿隆·圣查尔斯是个住在偏远地区身材高大的笨拙女孩，母亲是个优雅的小个子，因为太无聊，阿隆对读者讲述了她的经历，而且常常并不理解自己正在描述的东西，结果就是需要由读者来理解她所说的一切。书的主要内容，是有关阿隆亲爱的兄弟休伯特和他从剑桥带回家的朋友理查德·马辛厄姆（就是那个在树上读诗的小男孩）的故事。阿隆从没听说过同性恋，因为所谓的"品行良好"就意味着"表现得如何：你可能会感到害怕，但必须表现得很勇敢；你可能很穷，但必须表现得买得起东西；你的丈夫可能很好色，但你必须表现得好像他并不是这样；男人爱上男人这类尴尬事可能会发生，但你必须表现得好像根本没这回事"。从不读书、几乎没有朋友的阿隆怎么可能知道同性恋是怎么回事呢？但是，尽管存在前述各种"表现得如何"，她的父亲还是开始对这两个年轻人感到不安。于是他们变得很紧张，这时休伯特有了个绝妙的主意，他让理查德表现得就像自己在追求阿隆，甚至必须在某个晚上进入她的卧室，并确保她父亲听到他离开……我们只看到阿隆告诉我们的那一面：理查德干了这个，理查德干了那个，所以他肯定喜欢她，肯定发现她很有魅力，肯定爱上她了！在他去她的房间之后，我们看到她似乎感觉到哪里出了什么问题（他尊重她的童贞当然是完全可以接受的，但他的态度有哪里不对头……）。然后我们很快就看到，她因为有了爱人而沉浸在幸福的恍惚之中。整本书从头到尾，我们就像是家里的房客，看到了一切。这真是非常深入的参与感，整个感觉贯穿全书，刚一闪念思考，三十页就过去了。（家庭律师曾试探性地挑逗过阿隆一次，这似乎有点奇怪，但后来到了某个时间，如同在"现实生活"中一样，人们立刻惊呼："当然是这样的！他知道她父亲的遗嘱啊！"）

莫莉称这本书为"黑色喜剧"，总体来说确实如此，非常棒的喜剧。她正在研究族群行为，对其荒谬之处，没人能比她更精彩地呈现出来。但这种力量来自她对《品行良好》所隐含内容的深刻而悲伤的了解，以及她曾经历过的伤害。她曾告诉过我一些关于她自己的事情，这让我印象深刻，我觉得也正是这部小说的力量所在。

莫莉的丈夫罗伯特·基恩三十多岁时突然去世，

事情发生时，他们正带着两个年幼的女儿在伦敦开心地游玩。他忽然病重，不得不立即送往医院，一切似乎在掌控之中，于是她就回到孩子们身边过夜，尽管担心，但并不真的害怕。夜里，电话忽然响了，是护士长："基恩夫人，你必须勇敢。你的丈夫过世了。"莫莉在伦敦有朋友，但他们都在剧院里工作，非常忙碌，她立刻想到："我不能惹麻烦！不能丢人现眼！"典型的"品行良好"的反应。在最初那些可怕的日子里，她六岁的大女儿莎莉紧紧抓着她的手说："妈妈，我们不能哭，不能哭。"

莫莉确实从来没哭。四十年后，她告诉我这件事时，声音里含着一丝凄凉的怀疑。所以，她对自己所属族群的所谓品行良好的概念确实非常清楚，包括其中所有的勇敢、荒谬和残忍。

小说中最直接来自她痛苦压抑的个人经历的部分，处理得非常低调，我相信性急的读者们有时会注意不到。理查德开车载着休伯特返回剑桥的路上，遭遇了车祸，休伯特罹难。很明显，消息传来时，他饱受折磨的父母表现得无可挑剔，没有丢人现眼，没流一滴眼泪，他们用严格遵守礼仪来表达自己深深的悲伤。但有一天，阿隆没忍住，对父亲说理查德真的是她的爱人，父亲回答："好吧，感谢上帝。"
这让她有些困惑。然后父亲忽然离开，说要去沼泽
看看马驹们（反正他是这么说的），然后结束了他们
的交谈。同一天，母亲带着一小束仙客来[1]出了门，
阿隆不知道她去了哪里。她从来没想过，父母都是
偷偷溜去了休伯特的墓地，唯有在愧疚中，他们才
能放纵自己破碎的心。父亲在墓地（而不是沼泽）
中风倒地，而母亲尖叫着回家寻求帮助，因为事情
发生时她正和父亲在一起……在这些骚动和恐惧中，
阿隆没有任何评论，只是留给读者自己去理解。

*

天生魅力非凡的人不可能不知道自己可能对他
人施加的影响，这让才华变得有些危险，因为只要
利用魅力就可以逃避讨厌的事，但过度利用魅力却
可能导致被人厌恶。莫莉·基恩在这两方面都非常
了不起，她既是我见过最迷人的人之一，又成功地
完全避开了随之而来的危险。

她当然知道自己有多成功。她曾对我说过："我

1　别名萝卜海棠，是紫金牛科仙客来属多年生草本植物。

小时候，可不是白吃饭的。"意思是当她第一次遇到比自己家人更有趣、更复杂的人时，尽管长得不漂亮，穿得也不考究，仅仅靠风趣和魅力，她就可以为自己赢得热烈欢迎。她需要这样做，因为以她的成长背景而言，她过于聪明，所以母亲常常让她觉得自己是只丑小鸭，一只犯错的丑小鸭（也许，像许多不受宠爱的孩子一样，她的回应方式从父母的角度看确实令人厌烦）。她必须拯救自己，让人被她迷住、喜欢她，但赢得他们，并没有让她变得装模做样或操纵别人，因为她的洞察力、敏感、诚实和慷慨比她的魅力更强大。我认识她的时候，她已经七十多岁了，为了在采访或某些令人疲倦的公共场合中过关，她确实偶尔会去"表现"，而且通常"表现得"非常熟练，但除此之外，她总是对周围发生的事情及遇到的人更感兴趣，而非自己给人留下的印象。所以即便是微不足道的熟人，看到的也是她这个可爱的女人，而不是一个面具。

尽管非常喜欢她，但恰当地评估时，我不得不将与她的相处视为稍弱于友谊的一种关系。作为一个七十多岁的人，有两个可爱的女儿、广泛的熟人圈，和异常多的长期、亲密的友人，她的生活中已经没有多少空间去容纳新的密友。到了现在，我已经比当时莫莉的年纪还大，因此尤其清楚地看到了这一点：当发现一个新识之人具有特别相宜的品质，又明知自己不再有足够的精力和空间和他们相处时，真的非常遗憾。在莫莉和我的工作通信中，我总是被自己脑海中她的形象所吸引，情不自禁地在信中聊八卦、讲笑话，但她的回信却总是针对正在讨论的问题简洁回复的几个字。她来伦敦时，我们的会面总是很愉快，却也并没有促进我们的关系进一步亲密，有时候我觉得这是因为她对我个人生活的某个重要方面的一种由礼貌伪装起来的厌恶，因为我正在和一个黑人同居。莫莉的成长背景和时代影响了她对很多事的态度，比如不喜欢左翼政治，不喜欢异族通婚。莫莉很清楚别人是如何看待自己这种态度的，但她就算知道自己未必正确，也不见得就能彻底纠正。

我们在一起度过超过一顿饭的时间仅有一次，那时我们在都柏林为《品行良好》举办了一场宣传派对，我决定开车过去，活动结束后再待十天，刚好休假，莫莉邀请我在假期的第一个周末和她一起度过，当时我是这么以为的。活动结束后，我开车送她到阿德莫尔[1]的家里，途中才得知她已经为我安排了未来一周每天的聚会，还约了个朋友在我假期的最后两天一起到她家里住。起初，我对这种出乎意料的热情好客还有些不太适应，但很快就开始享受起来。

部分原因是科克郡和沃特福德郡与我的家乡东安格利亚之间的差异。在我的家乡，大部分爱尔兰意义上的"家庭的朋友"，是全神贯注于打猎、射击、耕种、园艺等事的乡村绅士。我从牛津搬到伦敦谋生时，想要逃离的，也正是这些人（尽管很多人我也很喜欢）。如果我将要面对的这一周，是由陌生的诺福克人举办的派对，那将是场无聊的严峻考验。主人需要忍着内心的厌倦去尽职尽责地取悦陌生人，客人则成为主人热情好客的不情不愿的受害者，双方会用闲聊架起一堵难以穿透的礼貌之墙，直到彼此筋疲力尽，最终散场。但在爱尔兰……尽管我不太相信对民族特征的概括，但不可否认，大多数爱尔兰人比英格兰人更善于表达，他们似乎将谈话视为一种积极的乐趣，而不是令人生厌的必需

---

1 位于英国苏格兰高地产区的阿伯丁郡。

品。尽管我并不觉得我和爱尔兰东道主聊的内容比和英格兰东道主更多（虽然我确实了解他们更多），但他们更加生机勃勃，更加妙趣横生，比起我成长环境中的那些人来说，在这里更容易发起或跟进一个新话题，是否有共同兴趣似乎都变得不太重要了。因此所有的聚会都非常愉快。

去聚会的途中，莫莉给我讲了些有关他们的故事，有些还相当轻率，就像是开胃菜。说起她不喜欢的某人，她要么保持沉默，要么就带着愤慨的不赞同简单点评几句；而说起其他人，她又为他们表现出的愚蠢行为感到好笑，但就像是个着迷的旁观者，而不是吹毛求疵的法官。也许小说家就是很擅长八卦吧，就像上帝必须擅长宽恕，因为这就是他们的工作。

这样的车中闲聊，她还让我愉快地瞥见了当地的文学批评标准。她有一位年长的邻居，出身高贵，品味乡土（我猜她常穿胶靴，不戴假牙），对她说："我读过你的书，莫莉，我非常讨厌它。但必须承认，你写得很好，因为我一个拼写错误也没找到。"

这些车上的时光，还有在掩映于山坡、俯瞰着阿德莫尔及其海湾的家里与她一起度过的时光，比聚会还要美好。她是个非常细致善良又体贴的女主人，但这并不是我难以忘怀的主要原因，主要原因在于，莫莉对周围的一切都充满活力：她既担心又宠爱的女儿们、她认识的人们、她记得的所有事、她的花园、她做的食物、写作的问题，以及成就感。此外，我日复一日地感受到她隐藏的品质，她的勇气，她的无私，简言之，她的善良。

在我看来，幸运地拥有创造力的人（无论是用文字、声音、颜料、木头或其他什么），与没有创造力的人之间的主要区别在于，前者能以自己的方式直接对体验做出反应，而后者则不太愿意相信自己的反应，所以往往更喜欢援引自己的亲戚朋友普遍同意的答案。虽然前者肯定包含了很大一部分难以相处的人，但也同样涵盖了很多令人兴奋、令人不安、有趣或鼓舞人心的人。莫莉有魅力、善良，还是一位创造者。

因此，我很高兴我们最后一次通信是关于她的写作，而不仅是一封寻常的问候（自从她的心脏患上重病以来，我们已持续多年互相问候）。那时，我刚因什么原因重读了《品行良好》，遛狗时遇到了她的女儿弗吉尼亚，我告诉她我再次觉得很享受。弗吉尼亚敦促我写信告诉莫莉，她说虽然母亲因衰弱无助而导致的严重抑郁症已经好转，但还是很需要振作。所以我给她写了一封长信，说明我为什么喜欢那本书，还很喜欢她的最后一本书《爱与付出》，并说虽然我知道她因为无法再写出一本新书而垂头丧气，但我必须告诉她，她所做的一切已经非常出色，她的作品实际上赢得了任何人都应引以为豪的荣耀。她回信说我的信对她很有帮助，让她对自己的写作所感到的沮丧"一扫而空"，然后甜蜜地表示她非常重视我的意见，但文字的结尾部分我知道是告别的意思，这样的慷慨大度，我唯有珍惜。

> 失去你们出版社令我感到了真正的损失。我不会再去伦敦了，现在的我太虚弱，脑子也不好使，所以也无法请你来了。但我们一起度过了许多美好的时光，你也为我的书竭尽了全力，想想这对我和我的生活意味着什么吧。爱和感谢。
>
> 莫莉

为她的书"竭尽全力"的意思，是说如果我们没有出版《品行良好》《一次又一次》和《爱与付出》，她早期的书就不会被维拉戈出版社重新发行平装本。而这一系列事件的真正启动者（不包括伊恩·帕森斯）是吉娜·波林格尔，我相信莫莉也深知这一点，肯定也以类似的慷慨和更多的理由来感谢了她。但我仍然感到非常开心，因为莫莉在我们公司品牌的烙印下重新出现，成为受到严肃对待的作家，并因此解决了她因长期守寡而一直困扰她的金钱问题。当她向我道别时，我确实想到了这些，并因此高兴。记住这个结果，记住认识她的乐趣，是这本书收尾的最好方式。

看到安德烈·多伊奇出版社最终沉寂，为什么我没有更难过一些？

我想这是因为，面对英国出版业出现变化的征兆，如文案准备和校对标准变低等，虽然我也经常摇头，但还是觉得这些并不重要。阅读和吃饭其实是一样的，最大的需求永远是快速、容易、简单、能立即识别的口味——比如糖和醋，以及它们的心理等价物，在心怀不满的老人眼中这可能会酿成终极悲剧，但事实并非如此。毕竟，这不是什么新鲜事，快速简单一直是大多数人的共同愿望。我年轻时候的出版界和现在的区别，并不是这种愿望现在才出现，而是与以前相比，现在的出版界更加奢侈地迎合了这种愿望。这可能是由某个社会阶层对这一行业的控制有所放松导致的。

我就是这个社会阶层中的一员，这个阶层的大多数人居住在伦敦，受过大学教育，属于中上层英国人，并在19世纪末从书商手中接管了出版业。我们中的大多数人都喜欢书，并真诚地想要去理解写作的好坏之间的区别。但我怀疑，从上帝的角度审视，我们的"好"往往也只是这个社会阶层观念中的好。我有时会努力从神的角度想，我曾经出版的很多我喜欢的书，有不少肯定也是无意义的，对其他出版社来说也是如此。有两位典型的阶层作家，一个是来自不那么自命不凡一端的安吉拉·瑟克尔[1]，还有一个是来自另一个极端的弗吉尼亚·伍尔夫。出版瑟克尔的书很让人尴尬，我一直都知道这一点，但如果有机会，我还是会出版她的书，因为显然会热卖。而伍尔夫，那是我年轻时所崇敬的作家，如今谈起却似乎更令人尴尬，因为她既有的声望已经过高了。她不仅属于那个社会阶层，而且无法突破阶层的界限，也无法突破那些自觉"美丽"的文字，那些形容词，哦，天哪！这几乎成了阶层标准，但不用说，其实这些词语本来也无权被视为神圣不可侵犯。

只要牢记这一点就能对抗忧郁，还有一点是，其实依然有很多人反对太多快餐性质的东西。只要去看看超市里专卖有机食品的货架越变越长的速度就能知道。而且，尽管不多，但仍然有一些出版商，比以往任何时候都一心一意地支持严肃写作。

我刚刚就参观了一个这样的出版社：这是七年

---

1 安吉拉·瑟克尔（Angela Thirkell，1890—1961），英国小说家，创作生涯中每年都会出版一部新小说。

以来我第一次再次踏入出版社的办公室。我感到惊讶，多么熟悉的感觉，我知道门后所发生的一切……我曾经多么喜欢这个环境。"它还在那里！"回家的路上我这样对自己说，这个"它"，不仅仅意味着我所认识的出版界，还有一些更令人放心的东西，那就是"年轻"。老年人其实并不想愁眉苦脸，但年龄有一种眼罩效应，导致老年人狭窄视野里往往包含着越来越糟的东西。因此，想到这个狭窄的视野外还有很多别的东西，就像我们四十、三十或二十岁时一样，真的非常令人欣慰。

我并没有因为出版方式的变化感到严重困扰，这似乎很合理。因为对我来说更难理解的是，我们每天都能看到那么多令人震惊的证据，说明生活中存在很多愚蠢、残忍到不可接受的事物，我们的生活一如既往的狂暴，远远没有跟上人类的聪明才智，只要能深深地感受到这一点，该如何觉得生活依然值得呢？我想答案就在于那个小小的出版社吧。

多年前，在贝克街附近的一家酒吧里，我听到一个人说，人类有百分之七十是野蛮，百分之三十是智慧，虽然那百分之三十永远不会赢，但总是能影响大众，足以让我们继续前行。我一直记着这个对我们所处困境的粗略评估，而且深深认同。当然，前提是所谓的"智慧"不仅仅意味着智力敏捷，还意味着人类这种存在随时准备好去理解和寻求其他存在、事物或事件的本质，去尊重那个本质，去合作，去发现，去在需要忍耐的时候忍耐，去享受，并且短暂地去共存。哎，看起来很可能迟早我们都会因为自己的愚蠢，或与某个游荡的天体发生碰撞而追随恐龙的脚步消失。但在那之前，我相信智慧的酵母会继续以一种或另一种方式运作。

即使最终徒劳，但就我们所见，人类仍然是进化的顶峰，无论黑暗的深渊有多深，生命依然在尽力享受和培育，并没有屈服于绝望而背叛。我甚至模糊地认为生命并不属于某个特定的行星，而是一种普遍存在的规律，可能存在于宇宙的任何地方，只要某种物理（或化学？）条件占主导地位，就能从微尘中点燃生命。人类用各种不同的神的名字来称呼的，就是这种神秘之物的某个方面吧，只是不取个名字就让人觉得抓不住重点。

以我自己存在的微观层面来说，相信这一点就意味着，尽管我读了报纸，尽管看到了安德烈勇敢努力的悲惨结局，尽管我的青春因心碎而失去了相当一部分，但每天早上醒来，我依然喜欢这存在（我要向安德烈和年轻的自己道歉，因为把对他们来说如此痛苦沉重的事件轻而易举地忽略掉）。我也意识到自己非常幸运，而我大部分的运气来自工作。当我深受感动，对着我作为编辑的时光，写下"未经删节"几个字时，那是因为这段时光给我的生活带来了如此多的扩展、兴趣、愉悦和快乐。这是一份属于百分之三十那边的工作。

图书在版编目（CIP）数据

未经删节 /（英）戴安娜·阿西尔著；曾嵘译. --
成都：四川人民出版社，2024.1（2024.1 重印）

书名原文：STET: An Editor's Life

ISBN 978-7-220-13515-6

Ⅰ.①未… Ⅱ.①戴… ②曾… Ⅲ.①出版事业—文
化史—英国 Ⅳ.① G239.561.9

中国国家版本馆 CIP 数据核字 (2023) 第 207236 号

四川省版权局
著作权合同登记号
图 字：21-23-262

WEIJING SHANJIE

未经删节

著　　者	［英］戴安娜·阿西尔
译　　者	曾　嵘
选题策划	后浪出版公司
出版统筹	吴兴元
编辑统筹	尚　飞
特约编辑	郝晨宇
责任编辑	杨　立
装帧制造	墨白空间·李易
营销推广	ONEBOOK
营销编辑	陈高蒙
出版发行	四川人民出版社（成都三色路 238 号）
网　　址	http://www.scpph.com
E - mail	scrmcbs@sina.com
印　　刷	河北中科印刷科技发展有限公司
成品尺寸	110mm × 172mm
印　　张	11
字　　数	163 千
版　　次	2024 年 1 月第 1 版
印　　次	2024 年 1 月第 3 次
书　　号	978-7-220-13515-6
定　　价	58.00 元